Elfen für Anfänger

Erlebnisse, Schlußfolgerungen, Heilungen und Elfen-Götter

Kontakt: www.HarryEilenstein.de / Harry.Eilenstein@web.de

Impressum: Copyright: 2011 by Harry Eilenstein – Alle Rechte, insbesondere auch das der Übersetzung, vorbehalten. Kein Teil des Buches darf ohne schriftliche Genehmigung des Autors und des Verlages (nicht als Fotokopie, Mikrofilm, auf elektronischen Datenträgern oder im Internet) reproduziert, übersetzt, gespeichert oder verbreitet werden.

Herstellung und Verlag: BoD - Books on Demand, Norderstedt

ISBN: 9783752859171

für Dich, Thuja

Inhaltsverzeichnis

I Elfen?

Was haben Elfen mit ernsthafter Magie zu tun? Diese lieblichen Blumengeister aus romantischen Geschichten und aus Märchen sind nicht gerade das, worum sich die meisten Magier ernsthaft und ausführlich kümmern – und auch sonst kaum ein vernünftiger Mensch.

Die übliche Darstellung der Elfen sind kleine Kinder oder junge Frauen mit Schmetterlingsflügeln – derartige Wesen machen keinen sonderlich realitätsnahen Eindruck …

Immerhin sind die bekannten Elfen-Darstellungen aus den Büchern von Cicely Mary Barker sehr stark an das Aussehen der jeweiligen Pflanzen angelehnt, sodaß die Elfen gewissermaßen als humanoide Varianten der betreffenden Pflanzen erscheinen.

Aber vielleicht findet sich bei genauerer Untersuchung ja doch ein Körnchen Wahrheit in den phantasievollen Darstellungen in den Mythen, Sagen und Märchen …

II Die Geschichte der Elfen

II 1. Das Wort „Elfen"

Es ist fast immer hilfreich, sich die Vorgeschichte des Namens und der Bezeichnung einer Sache anzusehen, wenn man sie besser verstehen will.

Das Wort „Alben, Alfen, Elfen, Elben" stammt aus dem Altnordischen und bezeichnet dort eine Gruppe von Geistern. Das Wort selber ist mit dem lateinischen „albus" für „hell, weiß" verwandt.

Mit diesen Alfen sind die Totengeister gemeint, wie unter anderem der Titel „Alberich" („Alfenkönig") des ehemaligen nordgermanischen Sonnengott-Göttervaters und Totengottes Tyr zeigt. Diese Deutung wird auch dadurch bestätigt, daß die Alfen in Hügeln wohnen – dies sind die Hügelgräber, in denen die Toten ruhen.

Die Bezeichnung der Totengeister als „Weiße" oder „Helle" hat zwei Ursachen: zum einen können Totengeister hellsichtig als milchig-weiße Schemen mit einem leichten Blauschimmer wahrgenommen werden, und zum anderen lag das Jenseits der Germanen in einer ihrer Jenseits-Vorstellungen oben am Himmel in der hellen („weißen"), goldenen Halle des Sonnengott-Göttervaters Tyr. Daher wurde auch Tyr selber „der weiße Gott" genannt.

Da es bei den Germanen jedoch auch die Grabkammer im Hügelgrab und die einfache Erdbestattung gegeben hat, begann man die Alfen nach ihrem Wohnort als die Lichtalfen oben am Himmel und die Dunkelalfen in den Hügelgräbern zu unterscheiden.

II 2. Lichtelfen und Dunkelelfen

Aus dieser von den Germanen stammenden Unterscheidung nach dem Wohnort der Ahnengeister sind bei J.R.R. Tolkien die Elfen (Lichtalfen) und die Orcs (Dunkelalfen) entstanden. Tolkien, der Professor für englische Sprache in Oxford gewesen ist und sich intensiv mit der germanischen Mythologie beschäftigt hat, hat das zu seiner Zeit übliche Blumenelfen-Bild wieder etwas näher an das ursprüngliche germanische Bild zurückgebracht.

Tolkiens drastisch-romantische Darstellungen der Elfen liegt in seinem Horoskop begründet: Er hatte eine Konjunktion von Pluto („drastisch") und Neptun („romantisch") im ersten Haus seines Horoskops.

II 3. Pflanzenelfen

Aus den Geistern in den Hügelgräbern sind schon bei den Germanen „Geister auf den Hügelgräbern" geworden – insbesondere der am Morgen wiedergeborene Sonnengott-Göttervater Tyr sitzt auf seinem Hügelgrab.

Diese „Geister auf den Hügelgräbern" sind anscheinend mit den „Pflanzen auf den Hügelgräbern" assoziiert worden.

In der germanischen Mythologie sind auch die ersten beiden Menschen aus Bäumen, also aus Pflanzen erschaffen worden – und Menschen wurden bei den Germanen und auch bei den Kelten sehr häufig als „Buche des Schwertes" (Mann), „Birke des Halsreifs" (Frau) und ähnliches umschreiben.

Vermutlich ist durch diese Assoziationen dann im Laufe der Zeit das Motiv der Pflanzengeister entstanden.

Bei den Germanen selber ist das Pflanzenelfen-Motiv noch unbekannt.

II 4. Erotische Elfen

Diese erotisch-weibliche Darstellung der Elfen zeigt noch eine andere Wurzel dieses Motivs: In den germanischen Mythen vereint sich die Erd- und Jenseitsgöttin im Hügelgrab mit dem Toten, damit sich dieser selber wiederzeugen kann, woraufhin die Göttin den Toten dann neun Monate später wiedergebiert – das Hügelgrab ist der Bauch der Erdgöttin, die mit dem wiedergezeugten Toten schwanger ist. Die verführerischen Elfen, die so gut wie immer weiblich sind, sind die Erd- und Jenseitsgöttin als die schöne Wiederzeugungs-Geliebte des Toten.

Da man sich die Toten in ihren Hügelgräbern als Schlangen und Drachen vorgestellt hat, ist daraus schließlich nach allerlei Umdeutungen das Motiv des Helden (Toter) geworden, der in eine Höhle (Grabkammer im Hügelgrab) steigt, dort den Drachen (Totengeist) tötet und die holde Jungfrau (Jenseitsgöttin) befreit und sich dann mit ihr vereint (Wiederzeugung).

II 5. Phantasie-Gebilde

Da diese Elfen-Vorstellungen lediglich durch Assoziationen und nicht durch Erlebnisse, Experimente, Beobachtungen und Schlußfolgerungen entstanden sind, sind sie eine reine Fiktion, nichts anderes als eine Erfindung der menschlichen Phantasie –

heutzutage vor allem ein idealisierendes, romantisches und z.T. arg süßliches und erotisches Bild von verführerischen jungen Frauen mit Schmetterlingsflügeln.

III Elfen-Forschung

III 1. Forschungs-Prinzipien

Angesichts dieses mythologisch-phantastischen Ursprungs der heutigen Elfen-Vorstellungen sieht ein Ernstnehmen der Elfen fast schon lächerlich aus – es sei denn, man sieht sie einfach nur als umgedeutete und mißverstandene Ahnengeister an.

Allerdings ist die Schlußfolgerung, daß keine Vorstellung, deren Ursprung man aus mythologischen Bildern erklären kann, einen Realitätsgehalt haben kann, etwas voreilig. Mit dieser Argumentation könnte man auch die Reinkarnation ablehnen, da diese aus dem Ackerbau-Zyklus mit der Aussaat, dem Wachsen, der Ernte und der Wiederaussaat des Getreides entstanden ist.

Wenn man wirklich sicher sein will (was generell voreiligen Schlußfolgerungen vorzuziehen ist), muß man die Sache selber überprüfen, über die man etwas wissen will – und nicht nur die Geschichte der Vorstellungen, die mit dieser Sache verbunden sind.

III 2. Eine Arbeitshypothese

Jede Überprüfung braucht eine Arbeitshypothese und jedes Experiment braucht einen Ansatz, von dem ausgehend man einen Versuchsaufbau entwerfen kann. Dieser Ansatz kann sehr komplex sein oder sehr einfach – je nachdem, ob es schon Erfahrungen, Vorstellungen und Vorgehensweisen gibt, die sich auf den vorliegenden Fall anwenden lassen.

Wenn man die Frage stellt, ob es Elfen gibt oder nicht, kommt man einen Schritt weiter, wenn man sich zunächst einmal fragt, woran man eine Elfe als real erkennen würde. Die wichtigste Eigenschaft, die ein Blumengeist haben müßte, um so genannt werden zu können, wäre ein Bewußtsein und eine Individualität.

Wie läßt sich das nachweisen? Man kann natürlich Traumreisen zu verschiedenen Pflanzen unternehmen und wird dabei feststellen, daß man mit ihnen reden kann – aber ist das ein sicherer Nachweis, daß es ein Pflanzenbewußtsein gibt? Es ist zunächst einmal nur der Nachweis, daß man mithilfe von Traumreisen Informationen über Pflanzen erhalten und diese dann innerlich als Bilder und Gespräche erleben kann – und evtl. auch, daß diese Informationen sehr hilfreich sein können.

III 3. Pflanzen-Telepathie

Man muß mit der Frage also noch einen Schritt weiter zurückgehen: Woran würde ich erkennen, daß eine Pflanze ein Bewußtsein hat?

Diese Frage läßt sich nicht leicht beantworten – da ich bereits Versuche dazu durchgeführt habe, weiß ich jedoch zum Glück, welcher Ansatz letztlich auch Erfolg gehabt hat. Das Stellen einer guten Frage ist im allgemeinen schon die halbe Antwort …

Die erste interessante Beobachtung war der „grüne Daumen" meiner Mutter – sie konnte alle Pflanzen, die andere schon aufgegeben hatten, wieder zum Blühen bringen.

Als ich einmal den Versuch erzählt bekommen habe, bei dem man zwei gleiche Pflanzen nimmt und die eine beschimpft und verflucht und die andere lobt und ermutigt, woraufhin die erste mit Welken und die zweite mit Gedeihen reagiert, fand ich das aufgrund meiner Erfahrungen mit dem „grünen Daumen" meiner Mutter völlig plausibel. Als ich den Versuch auch einmal selber durchgeführt habe, haben die Ergebnisse mit dem, was mir erzählt worden war, übereingestimmt.

Interessanterweise hat meine Mutter mir einmal erzählt, daß sie den Pflanzen, die nicht gedeihen wollen, manchmal damit gedroht hat, sie auf den Kompost zu schmeißen – woraufhin sie stets zu wachsen begonnen haben.

Was bedeutet es, daß Pflanzen auf diese Weise reagieren? Sie haben ja keine Ohren und sprechen auch nicht die menschliche Sprache. Es kommt also eine Information von einem Menschen bei einer Pflanze an – die Pflanzen nehmen anscheinend wahr, was der Mensch sich vorstellt.

Selbst wenn man argumentiert, daß es nicht die Worte des Menschen sind, sondern die durch die Worte bewirkten Veränderungen in der Lebenskraft der Pflanzen, bleibt dennoch, daß die Pflanzen die Gefühle und Worte und Bilder eines Menschen „telepathisch" wahrnehmen können. Die Pflanze verfügt also über die Fähigkeit, auch nicht-physikalische Dinge wahrzunehmen und darauf zu reagieren, d.h. die Pflanzen haben eine telepathische Wahrnehmung.

Die Fähigkeit der Wahrnehmung ist nicht mit einem Bewußtsein identisch, aber Wahrnehmungen sind das, woraus ein Teil der Inhalte eines Bewußtseins besteht – und ohne Wahrnehmungen, also ohne Bewußtseinsinhalte wäre ein Bewußtsein ziemlich funktionslos und daher auch nutzlos.

Es gibt noch einen Versuch, mit dem man die Pflanzen-Telepathie nachweisen kann:
Cleve Backster, ein Mitarbeiter des amerikanischen Geheimdienstes, hat 1966 einen Lügendetektor an seinen Drachenbaum angeschlossen, um zu messen, wie lange das Wasser braucht, um von den Wurzeln bis oben in die Pflanze zu gelangen. Er fand jedoch statt eines Ausschlages, der die steigende Feuchtigkeit in der Pflanze anzeigt, den Ausschlag, der bei Menschen auftritt, denen man eine unangenehmen Frage

gestellt hat.

Daraufhin hat Backster allerlei ausprobiert, was die Pflanze allerdings langweilig fand und daher nicht reagiert hat. Als er den Gedanken hatte, eines ihrer Blätter anzubrennen, schlug der Schreiber des Lügendetektors jedoch aus – der Drachenbaum hatte offenbar Backsters Gedanken wahrgenommen.

Der Drachenbaum schien sogar mit anderen Pflanzen mitzufühlen, da der an ihn angeschlossene Lügendetektor sogar dann ausschlug, wenn Backster andere Pflanzen in der Nähe des Drachenbaumes verletzte. Es hat also den Anschein, daß die Pflanzen, die an demselben Ort stehen, telepathisch miteinander vernetzt sind. Das läßt vermuten, daß auch in der Natur die Wiesen, Pflanzenbeete, Baumgruppen, Wälder u.ä. nicht nur eine „optische Einheit", sondern auch ein „telepathischer Verbund" sind.

III 4. Pflanzen-Gedächtnis

Ich habe vor ca. 15 Jahren zusammen mit meinem Freund Jörg eine Traumreise in ein homöopathisches Kügelchen von Lycopodium (Bärlapp) unternommen, weil Jörg dieses Heilmittel gerne besser kennenlernen wollte.

Die Bilder dieser Traumreise begannen an einem recht kahlen Kiesstrand, wo uns ein riesiger weißer Vogel abgeholt hat, der uns gesagt hat, daß er uns zu dem König der Wälder bringen soll. Wir sind also auf den Vogel gestiegen und über das Meer geflogen.

Nach einer Weile bekam der Vogel jedoch eine steife linke Schulter, sodaß wir alle ins Meer zu stürzen drohten. Da habe ich habe ihm meine Hand auf das Schulter-gelenk gelegt und Lebenskraft in das Gelenk gesandt, woraufhin der Riesenvogel wieder normal weiterfliegen konnte.

Schließlich kamen wir an ein neues Ufer, das ebenfalls recht karg wirkte. Jörg und ich sind zwei unterschiedliche Wege gegangen und haben beide ein leicht sumpfiges Tal voller uns unbekannter Bäume gefunden, in dem wir uns wiedergetroffen haben.

Auf die Frage, wo denn hier der König der Wälder ist, haben wir einen kleinen Pavillon gefunden – aber dort war niemand. Als wir innerlich nach dem König gesucht haben, haben wir gespürt, daß er tief unten in der Erde war.

Ich bin also gut 100m in die Erde hinuntergetaucht. Das war ziemlich unangenehm, weil ich das Gefühl hatte, durch ein riesiges Massengrab zu tauchen. Weit unten am Boden dieses Massengrabes habe ich dann den dort liegenden König der Wälder gefunden – und ich hab noch nie zuvor ein derart resigniertes und depressives Wesen wie diesen König gesehen.

Ich habe ihn mit an die Oberfläche in den Pavillon genommen, wo Jörg und ich ihn ins Sonnenlicht gestellt haben, weil wir dachten, daß ihn das ein wenig aufhellen würde – aber die Wirkung war ziemlich gering.

Nachdem wir von der Traumreise zurückgekehrt sind, hat Jörg mir erzählt, daß man Lycopodium Menschen gibt, die resigniert haben, die glauben, daß ihre große Zeit schon vorüber sei und die lediglich noch durchhalten und sich zumindestens noch einen Gerechtigkeitssinn bewahrt haben – ein typischer Lycopodium-Patient ist z.B. der alternde, einsame Notar mit einer steifen linken Schulter wie bei dem Riesenvogel. (Die steife linke Schulter ist ein typisches Lycopodium-Merkmal.)

Als wir im Internet recherchiert haben, was über das Lycopodium bekannt ist, haben wir festgestellt, daß die Erde während des Karbons vor 360-300 Millionen Jahren vor allem von Bärlappgewächsen bewachsen gewesen ist – damals war das Lycopodium wirklich der König der Wälder.

Von den damaligen riesigen Bärlapp-Wäldern ist nur noch das kleine Bärlapp-Kraut am Waldrand übriggeblieben – die große Zeit des Bärlapps ist vorüber …

Aus den damaligen Lycopodium-Bäumen ist die ganze Steinkohle, die Braunkohle, das Erdöl und das Erdgas entstanden … ein gewaltiges Bärlapp-Massengrab …

Die Wirkung des homöopathischen Mittels, das man aus dem Lycopodium herstellt und das man den „resignierten Notaren mit steifer linker Schulter" verabreicht, entspricht also nicht den Inhaltsstoffen der Pflanze, aus der man dieses Heilmittel herstellt, sondern der Geschichte dieser Pflanze. Das bedeutet, daß das Lycopodium als Pflanzengattung ein Gedächtnis hat, daß weit über die einzelne Pflanze hinaus bis in die Zeit vor 360 Millionen Jahren zurückreicht.

Dieselbe Feststellung, also die Abhängigkeit ihrer Wirkung von ihrer Geschichte statt von ihren Inhaltsstoffen, kann man auch bei anderen homöopathischen Mitteln machen – sie ist beim Lycopodium jedoch besonders eindrücklich.

III 5. Pflanzen-Bewußtsein

Somit gibt es jetzt schon zwei Elemente, die sich über die Pflanzengeister sagen lassen: Sie haben eine telepathische Wahrnehmung und sie haben eine Pflanzengattungs-Erinnerung. Wenn man nun die Fähigkeit der Wahrnehmung mit der Fähigkeit der Erinnerung kombiniert, entsteht daraus die Fähigkeit, eine aktuelle Wahrnehmung als etwas Bekanntes wiederzuerkennen.

Dieser Vorgang spielt sich offensichtlich im Bewußtsein ab – womit nachgewiesen wäre, daß Pflanzen ein Bewußtsein haben.

III 6. Hilfe vom Bärlapp-Elf

Einige Jahre später bin ich einmal bei einem Bekannten gewesen, der ein Haus kaufen wollte, aber die gesamte Familie fand, daß das betreffende Haus eine ziemlich unangenehmen Ausstrahlung hatte. Nachdem wir uns das Haus gründlich angeschaut haben, haben wir festgestellt, daß der riesige Öltank im Keller, der genug Heizöl für mehrere Jahre faßte, die Ursache für diese unangenehme Ausstrahlung war.

Daraufhin habe ich mir Lycopodium C200 als Tropfen besorgt und bin mit der Frau meines Bekannten in den Heizungskeller hinabgegangen und habe die Frau gebeten, einfach für den König der Wälder Töne zu singen (sie ist Pianistin). Ich bin dabei um den Tank herumgegangen und habe das Lycopodium C200 auf den Tank versprenkelt und habe dabei innerlich den König der Wälder gerufen und ihn gebeten, die Ausstrahlung dieses Öltanks aufzulösen.

Der Lycopodium-Elf ist sehr kooperativ gewesen und hat uns unsere Bitte erfüllt, sodaß sich das Haus anschließend deutlich besser angefühlt hat.

III 7. Hilfe vom Lorbeer-Elf

Wieder ein paar Jahre später bin ich mit einer Freundin auf der kanarischen Insel La Palma gewesen. An meinem Geburtstag sind wir durch das Tal gewandert, in dem der letzte Lorbeerwald der Erde steht. Da meine Freundin nicht gut bergauf laufen konnte, war sie ziemlich bald erschöpft und hat sich auf einen Felsen am Wegrand gesetzt – an dem Platz sind wir ca. 30m oberhalb des Talgrundes gewesen.

Als ich da so gestanden und ins Tal geblickt und bedacht habe, daß diese Lorbeerwälder früher einmal sehr weit verbreitet gewesen sind, kam mir die Idee, ob ich nicht den Lorbeerwald-Elf rufen könnte. Ich hatte kaum diesen Gedanken gehabt, als ich ihn auch schon gesehen habe – er stand unten im Tal und war so riesig, daß wir auf Augenhöhe waren. Er wirkte auch nicht wie ein lieblicher Blumengeist, sondern war stämmig und robust und ein bißchen verhalten, allerdings gleichzeitig aber auch, nun ja, ich kann es am ehesten als „lebensfreundlich" umschreiben.

Ich habe ihn gegrüßt und ihn gefragt, ob er meiner Freundin nicht Kraft geben könnte, damit sie weiterlaufen kann. Er hat genickt, kurz zu ihr geblickt und ist dann weiter talaufwärts gegangen.

Meine Wahrnehmung war wie eine Traumreise mit offenen Augen, bei der die inneren und die äußeren Bilder einander überlagern.

Meine Freundin hat den „Segen" des Lorbeer-Elfs (sie wußte nicht, daß ich ihn gerade gesehen hatte) deutlich gespürt und fühlte sich tatsächlich wieder fit und statt umzukehren konnten wir noch eine halbe Stunde weiter talaufwärts laufen.

III 8.   Ein Geschenk des Wiesenschaumkrauts

Manche meiner Begegnungen mit Pflanzenelfen sind auch einfach nur schön gewesen …

Als ich ungefähr 23 Jahre alt gewesen bin, habe ich bei einem Waldspaziergang eine Wiese gefunden, die voller Wiesenschaumkraut stand. Aus irgendeinem Grund hat mich dieser Anblick sehr berührt und ich habe mich vor eine dieser Blumen hinge- kniet, meine Hand neben sie gehalten und ihr gesagt, wie schön ich sie finde.

Da habe ich auf einmal Visionen von Blumen bekommen – die Bilder leuchteten von innen her und die Blumen hatten die sattesten Farben und die vielfältigsten For- men und wandelten sich unentwegt in immer noch schönere Bilder.

Ungefähr ein Jahr lang brauchte ich nur an dieses Wiesenschaumkraut auf der Wald- wiese zu denken, um diese Blütenvisionen wieder herbeizurufen – das ist ein wirklich großes Geschenk von den Wiesenschaumkraut-Elfen gewesen.

III 9.   das kollektive Unterbewußtsein der Pflanzen

Nach dem Nachweis, daß es tatsächlich Pflanzenelfen als „kollektives Pflanzen- bewußtsein" gibt, kann man nun einmal näher betrachten, ob man über dieses Pflanzenbewußtsein und somit über die Elfen noch mehr herausfinden kann.

Es gibt in der Homöopathie ein gut bekanntes Phänomen, das in diesem Zusammen- hang interessant ist: Die Wirkung eines homöopathischen Mittels beginnt nicht mit der Einnahme des Mittels, sondern mit dem Beschluß des Homöopathen, welches Mittel er geben will. Der Auslöser der Wirkung ist anscheinend die „telepathische" Verbindung, die durch den Entschluß des Homöopathen zwischen dem Mittel und dem Patienten (der bereit ist, das Mittel zu nehmen) hergestellt wird. Auch in diesem Fall reagiert das homöopathische Mittel, im Fall von Lycopodium also der Pflanzen- elf, auf eine telepathische Information.

Aufgrund dieser Dynamik ist auch möglich, anstatt das Mittel selber einzunehmen, den Namen des Mittels und seine Dosierung (z.B. „Lycopodium C200, drei Kügel- chen") auf einen Zettel zu schreiben, diesen Zettel mit Wasser zu übergießen, das Wasser in einem Glas aufzufangen und dann das Wasser zu trinken.

Das Einnehmen der Kügelchen oder Tropfen ist eine symbolisch-magische Geste, die eine Verbindung zu dem Pflanzenelf besiegelt.

Diese alte Methode ist auch schon in Ägypten gegen Schlangenbisse angewendet worden: Man goß Wasser über eine Statue der Isis, die ihren Sohn Horus von einem Schlangenbiß geheilt hat, und trank dann dieses Wasser. Diese Methode ist in der

Homöopathie dann zu empfehlen, wenn man gerade keine Möglichkeit hat, sich das benötigte Mittel zu beschaffen.

III 10. Elfen, Zwerge und Tiergeister

In der Homöopathie gibt es vor allem drei Arten von Heilmitteln: Mittel, die aus Tieren, aus Pflanzen und aus Mineralien hergestellt werden.

Man kann am Verhalten eines Patienten erkennen, aus welcher dieser drei Gruppen das Mittel stammt, das er braucht:

Wenn sich bei dem Patienten alles um eine Handlung dreht, braucht er ein tierisches Mittel: Tiere haben eine Bewegungsdynamik.

Wenn sich bei dem Patienten alles um eine Haltung dreht, braucht er ein pflanzliches Mittel: Pflanzen haben vor allem eine Haltung.

Wenn sich bei dem Patienten alles um eine Struktur dreht, braucht er ein mineralisches Mittel: Mineralien haben vor allem eine Struktur (Kristallisations-Typ).

Generell wird man den Tieren ein Bewußtsein zubilligen und für die Pflanzen läßt sich das Bewußtsein mit den eben geschilderten Beobachtungen ebenfalls nachweisen.

Da sich die mineralischen Mittel in der Homöopathie nicht anderes verhalten als die tierischen und die pflanzlichen Mittel, sollte man davon ausgehen können, daß auch die Mineralien ein Bewußtsein haben.

III 11. Was ist Bewußtsein?

Man kann sich fragen, was Bewußtsein eigentlich ist. Ist das etwas, was es nur punktuell gibt und was erst einmal erzeugt werden muß? Oder ist Bewußtsein einfach die Innenseite dessen, was auf seiner Außenseite als Materie erscheint?

Diese zweite Beschreibung paßt zumindestens besser zu den verschiedenen magischen Phänomenen, die sich mit diesem Modell leichter erklären lassen. Wenn man das Bewußtsein als die Innenseite aller Dinge auffaßt und diese Innenseite genauso ein Kontinuum ist wie die materielle „Außenseite der Welt", dann kann man sowohl von seinem Körper aus als auch von seinem Bewußtsein aus Einfluß auf seine Umwelt nehmen. Der zweite Fall beschreibt die meisten magischen Phänomene: Bewußtsein wirkt auf Materie.

Dieses zweite Modell würde auch die Beschreibung der Betrachtungen über die Elfen erleichtern: Wenn alles auch ein Bewußtsein hat, dann kann auch alles telepathisch, also auf der Bewußtseinsebene miteinander in Kontakt treten, Informationen austauschen und eine Wirkungen haben – eben Magie ausüben …

III 12. Die drei Verbündeten

Die drei homöopathischen Kategorien der tierischen, pflanzlichen und mineralischen Heilmittel finden sich an einer Stelle wieder, die in der Magie eine größere Rolle spielt.

Wenn man häufiger Traumreisen, Visionssuchen, Meditationen und ähnliches durchführt, ist die Wahrscheinlichkeit hoch, daß man früher oder später seinem eigenen Krafttier begegnet. Dieses Krafttier verkörpert die eigene Dynamik, die eigene Art zu handeln, die eigenen Instinkte, die eigene Art sich zu bewegen, zum Teil auch die Form der Sinneswahrnehmungen, die Bedürfnisse, die sexuellen Neigungen und ähnliches.

Neben dem Krafttier kann man auch eine Kraftpflanze finden, die die eigene Haltung darstellt: die Art wie man im Leben steht, wie man seinen Körper hält und auch den Ort, an dem man in der Welt am liebsten ist.

Schließlich gibt es noch den Kraftstein, der die eigene Struktur anschaulich verkörpert: wie man denkt, wie man seine Welt ordnet, welche Formen man sich aufbaut und ähnliches.

Wenn sich eine Seele inkarniert, nimmt sie in einer befruchteten Eizelle Platz. Durch den Orgasmus der beiden Eltern bei der Zeugung wird Lebenskraft frei, die sich um die befruchtete Eizelle sammelt, woraus dann der Lebenskraftkörper des Embryos mit den sieben Chakren entsteht.

Diese rotierende Kugel aus Lebenskraft wird zum einen durch den Körper des Embryos geprägt und zum anderen auch durch den Charakter der Seele und ihre Absicht für dieses Leben. Da es im Bereich der Lebenskraft das Prinzip „gleich und gleich gesellt sich gern" gibt, lagert sich an diese von der Seele geprägte Lebenskraftkugel das Tier an, das von seiner Dynamik am besten her dem Charakter und der Absicht der Seele entspricht, weiterhin die Pflanze, deren Haltung am besten dem Charakter und der Absicht der Seele entspricht, und schließlich noch das Mineral, dessen Struktur am besten dem Charakter und der Absicht der Seele entspricht.

Mit dem Krafttier ist natürlich kein reales, physisches Tier gemeint, sondern sozusagen der Geist dieser Tierart. Dasselbe gilt für auch für die Kraftpflanze und den Kraftstein: Die Verbindung entsteht zu dem betreffenden Pflanzen-Elf und zu dem Stein-„Zwerg", wenn man den Stein-Geist denn so nennen möchte.

Ein jeder Mensch hat folglich sein Leben lang eine Elfe als Freund und Verbündeten – und zusätzlich auch noch einen Tiergeist und einen Stein-Zwerg.

Diese drei Geister bilden zusammen mit der Seele die Grundzüge der eigenen individuellen Mythologie. Dies läßt sich wahrscheinlich am einfachsten an einem Beispiel veranschaulichen:

Die Seele eines Menschen ist ein Tropfen aus dem „Meer einer Gottheit". Eine Seele kann z.B. ein kleiner Teil des Osiris sein. Eine solche Seele wird die ständige, zyklische Verwandlung suchen, weil Osiris der Korngott ist. Sie wird zudem ihren Blick auf die Selbstfindung richten, da Osiris auch der Totengott und somit der Seelengott ist. Die Jenseitsreise ist ebenfalls ein wesentlicher Teil der Mythologie dieses Menschen, da Osiris immer wieder stirbt und dann wiedergeboren wird. Ein solcher Mensch könnte ein Schamane, ein Therapeut, ein Erforscher der Psyche, ein Astrologe u.ä. sein.

Ein passendes Krafttier für einen solchen Menschen wäre ein Wolf, da der Wolf in den Mythen der Jenseitsführer ist.

Eine passender Kraftpflanze könnte der Thuja sein, der in den Mythen die Verbindung zwischen Diesseits und Jenseits ist – z.B. als der kabbalistische Lebensbaum.

Ein dazu passender Kraftstein könnte der Bergkristall sein, da dessen Haupteigenschaft die Klarheit und das Integrieren ist (ein Bergkristall besteht aus nur einem einzigen Molekül).

Zwischen diesen vier Wesen gibt es sowohl in den Mythen als auch in den homöopathischen Mitteln (Lac Lupi für den Wolf, Thula occidentalis für den Thuja und Silicea für den Bergkristall) vielfältige Verbindungen. Die Wahl und die Kombination der drei Verbündeten einer Seele ist also nicht willkürlich – die drei Verbündeten bilden eine organische Gruppe – selbst aus homöopathischer Sicht.

Die Kombination des Thuja, der auch „Lebensbaum" genannt wird, mit dem Bergkristall läßt z.B. eine Neigung zu dem kabbalistischen Lebensbaum vermuten – zumal das homöopathische Mittel Thula occidentalis mit esoterischen Neigungen verbunden ist. Weiterhin tritt in den Träumen und Traumreisen zum Thuja hin und wieder ein Wolf auf.

III 13. Die Sushumna und der Lebensbaum

Man kann die Betrachtung der Elfen auch noch weiter führen: Was im Menschen ist generell eine Entsprechung zu den Pflanzen?

Es sollte etwas Aufrechtes sein, etwas, das eine Haltung hat – das ist die Sushumna, der zentrale, senkrechte Lebenskraft-Kanal, an dem sich die sieben Chakren befinden, die man als die Blüten an diesem Stamm auffassen kann. Die beiden Seitenkanäle Ida und Pingala wären dann zwei Äste dieses Baumes.

Auch der kabbalistische Lebensbaum hat einen Stamm („Mittlere Säule"), zwei Äste an der Seite („linke Säule" und „rechte Säule") und elf Blüten („Sephiroth").

Sowohl der Chakren-Baum als auch der kabbalistische Lebensbaum haben eine hohe, schlanke Gestalt – eben gerade so, wie auch ein Thuja aussieht.

III 14. Der Weltenbaum

Die Urpflanze in den Mythen ist der Weltenbaum, der das Diesseits auf der Erde (Stamm), die Unterwelt unter der Erde (Wurzeln) und das Himmelsjenseits (Krone) miteinander verbindet.

Vor diesem Hintergrund wird der Tanz der Elfen unter dem Weltenbaum dann doch wieder zu einem Bild, das mehr als nur eine romantische Phantasie ist …

III 15. Formen des Bewußtseins

Man kann an dieser Stelle, wenn man möchte, auch noch einen Schritt weiter-denken.

Dazu ist zunächst einmal der generelle Nachweis der Telepathie notwendig – der zum Glück recht einfach möglich ist:

> Für diesen Versuch benötigt man mindestens fünf Personen, am besten eine größere Gruppe von Menschen. Einer besorgt sich zwei Dutzend Postkarten mit markanten Motiven und steckt diese in Briefumschläge und verschließt sie, sodaß die Postkarten nicht zu sehen sind.
>
> Dann erhalten je vier Personen einen Umschlag, den sie zwischen sich auf den Tisch legen. Dann konzentrieren sich alle ca. 3 Minuten auf die Postkarte in dem Umschlag und schreiben dann ihre Wahrnehmungen auf.

Anschließend werden die Wahrnehmungen, die bei mindestens drei Personen vorkommen, miteinander kombiniert – z.B. Sand, Wärme, vorwiegend Blau, ein heller oder gelber Fleck rechts oben. Das ergibt möglicherweise eine Strandszene mit Sonne rechts oben.

Dieses Bild ergänzt man dann noch durch die Motive, die bei mindestens zwei Personen aufgetreten sind – z.B. eine Palme und etwas eckiges Weißes in der Bildmitte in dem Blau. Es scheint also das Bild eines Palmenstrandes mit der Sonne und einem Schiff mit weißem Segel zu sein.

Dann öffnet jede Gruppe ihren Umschlag und schaut sich die Postkarte an, die sie zuvor telepathisch beschrieben hat.

Diese einfache Methode ermöglicht es, die telepathischen Wahrnehmungen (die bei mehreren Menschen übereinstimmen) von den Assoziationen (die nur bei einem Menschen auftreten) zu unterschieden.

Die Telepathie ist keine „Privat-Angelegenheit", sondern etwas, was die beiden Bewußtseins von zwei oder mehr Menschen miteinander koordinieren kann. Das kann man am eindrücklichsten auf gemeinsamen Traumreisen erleben, auf denen es immer wieder vorkommt, daß man etwas sieht, was der andere ebenfalls sieht und dann ausspricht.

Ich habe einmal mit einer Frau eine Traumreise zu den Drachen gemacht, bei der wir auf einem Drachen geritten sind. Plötzlich mußte der Drache anhalten, weil er sich an seiner rechten Vorderpfote verletzt hatte. Als ich das dann laut gesagt habe, mußte die Frau loslachen, weil sie in ihrer Traumreise gerade abgestiegen war, um den rechten Vorderfuß des Drachens zu untersuchen.

Solche Dinge geschehen auf fast jeder Gruppen-Traumreise – man ist tatsächlich in demselben Bild unterwegs.

Wenn man nun all die hier betrachteten Dinge zusammennimmt – also den Nachweis der Telepathie, das Bewußtsein von Pflanzen, die Telepathie von Pflanzen, die telepathische Koordination bei Gruppen-Traumreisen, den telepathischen Kontakt zu Gegenständen – dann ergibt sich daraus, daß alle Dinge telepathisch miteinander verbunden sind oder sein können. Weiterhin ergibt sich aus der Homöopathie, daß alle Dinge – Menschen, Tiere, Pflanzen, Mineralien – ein Gedächtnis haben. Folglich haben alle Dinge ein Bewußtsein.

Weiterhin sind alle diese Bewußtseins telepathisch gekoppelt oder haben zumindestens die Möglichkeit dazu.

Diese „telepathische Verbindung zwischen den Bewußtseins in allen Dingen" ist sozusagen ein allgemeines kollektives Unterbewußtsein, das nicht nur die Menschen umfaßt. Das kollektive Unterbewußtsein einer Pflanzenart wäre dann der Elf dieser Pflanzenart.

Die telepathische Verbindung des kollektiven Unterbewußtseins der Menschen, aller Tierarten, aller Pflanzenarten und aller Mineralienarten kommt dann schon sehr nah an das oft „Gaia" genannte Bewußtsein der Erde heran.

IV   Elfen-Begegnungen

Da letztlich die Dinge von Bedeutung sind, die eine Bereicherung sind, stellt sich auch bei der Betrachtung der Elfen die Frage, was man alles mit ihnen erleben kann – und wie die Menschen das früher und heute genutzt haben.

IV 1.   Lebendigkeit

Es gibt einen großen Nutzen des Kontaktes zu den Elfen, der sich jedoch nicht leicht in Worte fassen läßt. Vermutlich werden die meisten Menschen die Wirkung eines Spaziergangs durch den Wald, über die Heide oder über eine Kräuterwiese in den Bergen kennen. Sind dabei Elfen beteiligt? Oder ist das eine rein physische Wirkung auf den Menschen durch mehr Sauerstoff, durch den würzigeren Duft der Luft, durch die stillere Umgebung?

Zumindestens auch der Anblick der Pflanzen hat eine Wirkung auf die Menschen – nicht nur der erhöhte O_2-Gehalt der Luft.

Man kann einmal eine Gruppe Bäume bewußt betrachten und dabei mit der eigenen Wahrnehmung spielen: Man kann mit dem Verstand auf die Bäume schauen und abschätzen, wieviel sie wohl als Bauholz wert sein mögen. Man kann sie auch mit Angst betrachten und fürchten, daß hinter ihnen gleich ein tollwütiger Fuchs hervorkommt. Es gibt die Möglichkeit „auf" die Bäume zu schauen, also ganz sachlich und nüchtern nur auf ihre Oberfläche.

Eine etwas kreativere Möglichkeit ist es, „in" die Bäume hinein zu schauen. Damit ist kein „Röntgenblick" gemeint, sondern eher ein „nach der Lebenskraft tasten". Wenn das gelingt, wenn man auf diese Weise Kontakt mit den Bäumen aufnehmen kann, fühlt sich alles viel lebendiger an und man gerät in ein „Kinder-Staunen" über alles, was man sieht.

Diese Art zu schauen ist so ähnlich wie der Versuch, alles, was man sieht, so anzuschauen, als ob man es das erste mal sehen würde.

Diese Art des Schauens kann auch spontan auftreten. Ich habe sie das erste Mal bei einem Waldspaziergang erlebt, als ein Grashalm am Wegesrand plötzlich wie zu leuchten schien. Ich habe mich vor den Grashalm hingehockt und habe ihn mehrere Minuten lang ganz ergriffen angeschaut. Das war kein optisches, äußeres Leuchten, sondern ein „inneres Leuchten" – so als ob ich seine Lebenskraft wahrnehmen würde.

Das war ein sehr erfüllendes Erlebnis!

Man kann auch versuchen, die Aura eines Baumes zu spüren. Dafür legt man die

Hände entweder auf die Rinde des Baumes oder hält die Hände in einem kurzen Abstand vor den Baum. Das ist so ähnlich wie die Wahrnehmung der Lebenskraft eines Menschen beim Mesmerismus, beim Reiki oder anderen Methoden, bei denen man die Lebenskraft benutzt.

Während sich diese Lebenskraft bei Menschen wie eine elektrisch-prickelnde Hitze anfühlt, macht die Lebenskraft von Bäumen eher einen luftig-fließenden und „dünneren" Eindruck. Die Bäume unterscheiden sich von der Qualität ihrer Lebenskraft sehr deutlich: Die Lerche fühlt sich warm-luftig an, die Akazie hart-luftig, die Kiefer feurig-luftig, die Buche kühl-wässrig, die Eiche warm-erdig, die Eibe warm-erdig-gediegen usw.

Wenn man sich generell darüber klar geworden ist, daß es Elfen gibt, kann man dieses Berühren der Lebenskraft der Bäume als einen ersten Kontakt ansehen, bei dem man das generelle Temperament einer Baumart kennenlernen kann – man reicht dem Baum-Elf sozusagen die Hand.

Man kann auch versuchen, die Lebenskraft eines Baumes optisch wahrzunehmen. Nach meiner bisherigen Erfahrung ist das am einfachsten, wenn die Sonne morgens oder abends kurz über dem Horizont steht und die Rinde der Bäume anstrahlt.

Aber da jeder Mensch anders ist, ist es am besten, spielerisch zu schauen, auf welche Weise man etwas wahrnimmt – vielleicht ist für manche Menschen auch die Abenddämmerung oder das Licht des Vollmondes am geeignetsten oder ein längeres vorheriges Fasten …

Manchmal findet man durch die Beschäftigung mit den Pflanzen-Elfen auch unerwartete Erinnerungen an Pflanzen wieder, die man in seiner Kindheit gekannt hat: der Kirschbaum im Garten, der Rotdorn vor der Haustür, die alte Eiche im Kindergarten, der Löwenzahn auf der Wiese der Großeltern …

Diese Erinnerungen sagen natürlich nichts über die Existenz von Elfen aus und sie sind auch in keiner Weise etwas Objektives, aber sie öffnen wieder die Ebene im Menschen, auf der man einfach wahrnimmt, was da ist. Diese Form der „nicht-intellektuellen Wahrnehmung" ist schon sehr nah an der Wahrnehmung der Lebenskraft der Pflanzen – und die Elfen sind die Lebenskraft der Pflanzen.

Diese „staunende Wahrnehmung" ist völlig unabhängig davon, ob sie zu einer Wahrnehmung der Lebenskraft weiterführt, eine große Bereicherung des Alltag – die Welt erscheint durch diese Form des kindlichen Schauens wieder viel lebendiger.

Ich bin vor ca. dreißig Jahren einmal in Nordspanien auf einem Rainbow-Camp gewesen. Dort bin ich an einem Tag in die Berge hochgestiegen und habe dort auf einer Wiese einen Kreis aus gut einem Dutzend Buchen gefunden. Sie standen so eng beieinander, daß man gerade noch gut zwischen ihnen hindurch in die Mitte von ihnen gehen konnte.

Dort in der Mitte von ihnen fühlte es an ob ich in den Buchen statt zwischen den Buchen gestanden hätte – so sehr haben sie den Raum in ihrem Kreis mit ihrer eigenen Qualität geprägt.

Es gibt hier in der Nähe im Kottenforst ein kleines Birkenwäldchen, an dem ich oft vorbeikomme, wenn ich im Wald bin. Aus irgendeinem mir nicht ganz klaren Grund habe ich dieses Waldstück nie betreten, obwohl ich mir ansonsten jede Ecke des Waldes angesehen habe. Lediglich den Versammlungsplatz der Wildschweine an einer abgelegenen sumpfigen Ecke im Kottenforst habe ich auch nie betreten – den Wildschweinen zuliebe.

Bei diesem Birkenwäldchen habe ich immer das Gefühl gehabt, daß dort ein Geist wohnt, der nicht gestört werden möchte, was ich auch gerne respektiert habe – so ähnlich wie ich mich in einer Kirche auch nicht auf den Altar setzen würde.

Nach und nach haben mir drei Frauen, mit denen ich bei verschiedenen Gelegenheiten an diesem Birkenwäldchen vorbeigegangen bin, unabhängig voneinander erzählt, daß sie dort jedesmal einen Faun sehen oder spüren. Das ist keine allgemeine „Kottenforst-Mythe", da diese Frauen davon vorher nie etwas gehört hatten und auch selber niemandem sonst davon erzählt haben – von mir wußten sie, daß ich damit etwas anfangen kann.

Welche Art von „Geist" lebt in diesem Birkenwäldchen? Ist das ein Faun oder der Birken-Elf? Oder hat der Birken-Elf die Gestalt eines Fauns? Ich habe diesen Birkenwald-Geist bisher selber leider noch nicht optisch gesehen – weder innerlich (Traumreise) noch äußerlich (mit den Augen).

Auch einige andere Menschen, mit denen ich an diesem Birkenwäldchen vorbeigekommen bin, fanden, daß dieses Wäldchen sehr kraftvoll ist.

IV 2. Kraftpflanzen

Die eigene Kraftpflanze kann helfen, die eigene Haltung im Leben zu verstehen – sowohl die Körperhaltung als auch die innere Haltung gegenüber den Dingen, die man erlebt. Oft passen auch die Geschichten, die man in Sagen und Märchen zu der betreffenden Pflanze finden kann, sehr gut zu dem eigenen Leben.

Die Beschreibungen, die sich in der Homöopathie zu der betreffenden Pflanze finden, zeigen oft deutlich einige der eigenen Charaktereigenschaften. In manchen Fällen tauchen auch Querverbindungen zu dem eigenen Krafttier oder Kraftstein auf, was den Eindruck erweckt, als ob bestimmte Kombinationen von Krafttier, Kraftpflanze und Kraftstein besonders häufig seien – so als ob es feste Freundschaften zwischen ihnen gäbe.

Ich habe zwar durch die Traumreisen, die ich mit Menschen durchführe, inzwischen über 50 verschiedene Krafttiere kennengelernt, aber da ich anfangs nicht auch auf die Kraftpflanzen geachtet habe, kenne ich nicht genug Kombinationen dieser drei Verbündeten, um sagen zu können, ob es bevorzugte Kombinationen dieser drei Verbündeten gibt.

Es gibt einen deutlichen Unterschied zwischen den Krafttieren, den Kraftpflanzen und den Kraftsteinen: Die Krafttiere haben wie ein normales, physisch existierendes Tier ein Bewußtsein, die Kraftpflanzen und die Kraftsteine haben jedoch nur ein kollektives Bewußtsein. Diesem kollektiven Bewußtsein bei den Pflanzen und Steinen entspricht bei den Tieren die Muttergöttin der betreffenden Tierart.

IV 3.   Homöopathie und Bachblüten

Die vielen pflanzlichen Heilmittel der Homöopathie sind ein sehr praktischer Zugang zu den Pflanzen, aus denen sie hergestellt werden. Durch die Einnahme dieser Mittel kann man zum einen Krankheiten heilen, aber zum anderen auch diese Pflanzen kennenlernen.

Dasselbe gilt auch für die Bachblüten, die ebenfalls pflanzliche Heilmittel sind, die die Lebenskraft der Pflanzen und nicht ihre physische Substanz benutzen.

IV 4.   Heilung durch Elfen

Mein Sohn David hat am Ende seiner Schulzeit Probleme mit dem Miniskus in beiden Knien gehabt und sollte operiert werden. Auf seiner Schulabschlußfahrt, die kurz vor der geplanten Operation stattfand, ist er auf der Burg in Nürnberg gewesen. Als er dort oben mit seinen beiden Krücken stand, fiel ihm eine Methode ein, die ich ihm mal gezeigt hatte.

Dabei sagt man seinem Körper, was man will, und wartet dann ab, was er tut. Diese Methode ist dem Pendeln und dem automatischen Schreiben ähnlich, nur daß man dabei den gesamten Körper bewegt – natürlich ohne ihn selber bewußt zu steuern.

David hat also seinem Körper gesagt, daß er sich selber heilen soll. Darauf hin ist David „automatisch" zu einer Tür in dem Burghof gegangen, die er zuvor garnicht bemerkt hatte. Sie ließ sich öffnen und er fand sich in einem Kräutergarten oben auf den Zinnen der Burgmauer wieder. Er ging auf diese „automatische Weise" zielstrebig zu einem der letzten Beete in diesem Garten, kippte mit seinem Oberkörper nach vorne, packte ein Kraut und steckte es sich (immer noch automatisch) in den Mund und schluckte sie runter. Das alles geschah mit einer einzigen fließenden Bewegung und für David völlig überraschend – so wie das für diese automatischen Bewegungsfolgen typisch ist.

Dann probierte er ohne Krücken zu gehen – und hatte keine Schmerzen mehr. Da hat er sich die Krücken unter den Arm geklemmt und ist zu den anderen aus seiner Klasse zurückgekehrt und hat keine Operation mehr gebraucht und ist inzwischen ein Top-Sportler (Parcour und Ninja-Warrior).

IV 5.   Gespräche mit Bäumen

Man kann sich jederzeit auch einmal mit Bäumen und mit anderen Pflanzen unterhalten. Das ist am einfachsten, wenn man schon einige Erfahrung mit Traumreisen, Familienaufstellungen, automatischem Schreiben und ähnlichen Methoden hat, die den Kontakt ins Unterbewußtsein fördern, von dem die Telepathie ausgeht.

Was man von Bäumen erfahren kann und in welchen Dingen sie weise sind, wird man nur durch eigene Gespräche mit Bäumen herausfinden können.

Man sollte alles, was man hört, ernst nehmen, aber nicht einfach glauben. Es ist sinnvoll, das Gehörte so gut wie möglich zu überprüfen, es evtl. vorsichtig anzuwenden, die Ergebnisse betrachten und dann evtl. ein neues Gespräch zu suchen. Das ist nicht viel anders als in einem Gespräch mit einem Menschen, den man noch nicht kennt. Es kommt allerdings noch hinzu, daß man evtl. erst einmal den Standpunkt der Pflanze und die von ihr verwendeten Bilder verstehen muß – was letztlich allerdings auch nicht so sehr viel anders ist wie bei der Begegnung mit einem neuen Menschen.

IV 6.   Magische Ringe

Als um ca. 1985 herum der Wald sehr unter dem sauren Regen litt, bin ich Mitglied bei Robin Wood, der Wald-Abteilung von Greenpeace, geworden. Damals habe ich mir überlegt, daß man doch eigentlich auch mithilfe von Magie etwas gegen das Waldsterben unternehmen können müßte.

Mir schien eine Stärkung des Waldes mithilfe von magischen Ringen, die ich im Wald vergrabe, am passendsten zu sein. Als ich mit verschiedenen Bäumen darüber gesprochen habe, habe ich immer wieder zu hören bekommen, daß nicht ein

Lebenskraft-Mangel des Waldes, die ich durch die Ringe beheben wollte, das Problem ist, sondern der saure Regen – und daß der von den Menschen geändert werden muß.

Das wollte ich jedoch nicht hören und habe dann doch die magischen Ringe angefertigt – was dann logischerweise ein völliger Fehlschlag geworden ist.

IV 7. Kornkreise

Die Kornkreise treten seit ca. 1920 – wie der Name schon sagt – vorwiegend in Kornfeldern auf. Erst seit ca. 1995 treten sie ganz vereinzelt auch in Rapsfeldern u.ä. auf. Es liegt also der Verdacht nahe, daß diese Kornkreise etwas mit dem Getreide zu tun haben.

Anfangs waren diese Kornkreise eben einfache Kreisflächen von flachgelegtem Getreide; inzwischen sind daraus jedoch sehr komplizierte Muster entstanden, die unter anderem die mathematisch sehr komplexe „Mandelbrot-Menge", die ebenso komplexe „Julia-Menge" oder Teile des kabbalistischen Lebensbaumes darstellen.

Wenn man in einem gerade erst entstandenen Kornkreis steht, spürt man eine intensive Energie – die typische elektrisch-prickelnde Hitze, die man auch bei der Lebenskraft eines Menschen spüren kann. Sie ist jedoch deutlich stärker und zugleich „ruhiger". Die verschiedenen Teile eines frischen Kornkreises fühlen sich zudem deutlich unterschiedlich an.

Dieses Phänomen kann man ehesten als eine Form der Telekinese auffassen – nur von wem geht diese Telekinese aus? Von dem Getreide, also von dem Getreide-Elf? Von dem Korngott? Von den Menschen? Von der Erde?

Die vielen Motive aus der Mathematik, der Mythologie und ähnlichem, die sich in den Kornkreisen finden, machen es wahrscheinlich, daß diese Kornkreise zumindestens in neuerer Zeit nicht unabhängig von der inneren Bilderwelt der Menschen, also unabhängig von dem kollektiven Unterbewußtsein der Menschen entstehen.

Da ansonsten keine kollektive Telekinese der Menschen bekannt ist, deren Stärke dem gezielten Umbiegen von Getreidehalmen auf einer Fläche von der Größe eines Fußballfeldes bekannt ist, kann man vermuten, daß an diesem Phänomen nicht nur das kollektive Unterbewußtsein der Menschen, sondern vermutlich auch die Erde selber beteiligt ist. Ein Gespräch der Erde mit den Menschen unter Beteiligung des Korn-Elfs?

Dies sind jedoch alles bestenfalls „begründete Vermutungen" und keine sicheren Erklärungen. Eine Beteiligung der Elfen der verschiedenen Getreidearten scheint jedoch recht wahrscheinlich zu sein – wie auch immer diese Beteiligung konkret aussehen mag.

V Pflanzen-Götter

Der Begriff „Elfen-Götter" klingt ungewohnt, auch wenn man ihn ohne große Mühe verstehen kann – die Bezeichnung „Pflanzen-Götter" klingt vertrauter, auch wenn sie ebenfalls unüblich ist. Wenn man sich die verschiedenen Mythologien einmal genauer anschaut, findet man jedoch eine ganze Reihe von Wesen, die man am ehesten als „Pflanzenelfen-Götter" bezeichnen kann.

Die Tatsache, daß ein Elf zu einer Gottheit geworden ist bzw. daß man eine Gottheit eng mit einer Pflanze assoziiert hat, ist natürlich kein weiterer Nachweis dafür, daß es tatsächlich Elfen gibt, aber sie zeigt, daß einige Pflanzen für die Menschen so wichtig gewesen sind, daß aus ihnen Gottheiten geworden sind.

Diese Pflanzen-Gottheiten sollten letztlich dieselbe Art von Wesen sein wie die Pflanzen-Elfen.

V 1. Hathor

Die ägyptische Muttergöttin Hathor wurde in verschiedenen Gestalten dargestellt: als Frau, als Kuh, als Himmel und als Baum. Dieser Baum war der Weltenbaum, der der Weg von dem Erd-Diesseits zu dem Himmel-Jenseits war, den Hathor als Muttergöttin und Kuh verkörpert hat.

In diesem Hathor-Motiv ist also der Weg zu der Göttin mit der Göttin selber identifiziert worden, sodaß sie als Baum mit Frauenkopf, Brüsten und Menschenarmen dargestellt werden konnte.

Hathor ist also sehr wahrscheinlich keine ehemalige Baum-Elfe, sondern eine Göttin, die mit einem Baum-Symbol (Jenseitsweg) assoziiert worden ist.

V 2. Inanna

Bei der Göttin Inanna, die die sumerische Entsprechung zu der ägyptischen Hathor ist, sieht es ähnlich aus: Sie ist die Muttergöttin, die mit dem Weltenbaum assoziiert worden ist, aus dessen Holz der Gott Dumuzi für sie ihr Bett und ihren Thron hergestellt hat.

Auch Inanna ist somit zwar eine Baum-Göttin, aber keine Baum-Elfe.

V 3. Osiris

Der ägyptische Gott Osiris ist die Verkörperung des Getreides. Das Keimen ist die Geburt des Osiris und die Ernte sein Tod. Osiris ist folglich ein Getreide-Elf.

Das Keimen des Korns und die Ernte des Getreides sind allerdings auch der Geburt und dem Tod der Menschen gleichgesetzt worden, weshalb Osiris auch der Totengott der Ägypter gewesen ist.

Es stellt sich die Frage, ob Osiris zuerst ein Urahn gewesen ist, der dann mit dem Ackerbau assoziiert worden ist, oder ob er zuerst eine Verkörperung des Getreides gewesen ist und erst danach auch zum Totengott geworden ist. Da der Urahn das ältere Motiv ist, wird Osiris wahrscheinlich aus dem Urahn heraus entstanden sein. Osiris ist jedoch so eng mit dem Getreide verbunden gewesen, daß man ihn als den Getreide-Elf der Ägypter auffassen kann.

Es gab eine Osiris-Zeremonie, die die Auffassung des Osiris als das Getreide sehr deutlich darstellt: Im Frühjahr fertigten die Ägypter aus einem Gemisch von Erde und ein wenig Getreide kleine Statuetten in der Form des liegenden, toten Osiris – also Osiris als Mumie. Diese Statue wurde dann mehre Tage lang feucht gehalten, wodurch das Korn in der Statuette zu sprießen begann: Osiris war wiedergeboren!

Wenn man Elfen näher kennenlernen will, lohnt es sich, diese schlichte Zeremonie einmal selber durchzuführen.

Osiris ist auf zweifache Weise auch ein Baumgott gewesen:

Zum einen wuchs sein Sarg in einen Baum ein und trieb dann über das Meer in ein fernes Land, in dem der Sarg von Isis gefunden wurde, die die Schwester, die Frau, die Wiederzeugungs-Geliebte, die Wiedergeburts-Mutter und die Wiederstillens-Amme des Osiris ist. Hier ist das Meer die Wasserunterwelt und der Baum der Weltenbaum – beides führt zu der Jenseitsgöttin Isis.

Zum anderen wird das Rückgrat des Osiris als ein Baum aufgefaßt, der „Djed" genannt wird, also „Beständigkeit". Hier ist das Rückgrat wegen seiner Ähnlichkeit mit einem Baum mit dem Weltenbaum assoziiert worden.

Osiris ist folglich auf dieselbe Weise mit dem Weltenbaum verbunden worden wie die Göttin Hathor. Osiris ist also zwar ein Baum-Gott, aber kein Baum-Elf – er ist jedoch der Getreide-Elf.

V 4. Idun

Die germanische Göttin Idun ist die Göttin des Apfelbaumes, an dem die Äpfel wachsen, die den Göttern die Unsterblichkeit geben. Dieses Motiv geht offensichtlich auf die Wiedergeburts-Vorstellungen zurück, weshalb der Apfelbaum der Weltenbaum sein wird.

In dieser Funktion erscheint er auch bei den Kelten (bei denen die Jenseitsinsel „Avalon"; d.h. „Apfelinsel" heißt), bei den Griechen (die goldenen Äpfel der Hesperiden) und noch einigen anderen Völkern.

Die Äpfel von diesem Baum sind später oft zu Todes-Äpfeln umgedeutet worden: der Todesapfel von Merlins Ex-Frau bei den Kelten, der Todesapfel der Slawen, Evas Apfel in der Bibel, der tödliche Apfel von Schneewittchens Stiefmutter usw.

Idun ist also wie Hathor keine Baum-Elfe, sondern eine mit dem Weltenbaum assoziierte Göttin. Das schließt natürlich keineswegs aus, daß man auf Traumreisen zu Idun einiges über die Äpfel erfahren kann …

V 5. Soma, Haoma, Kwasir und Medigenus

Die Indogermanen haben im Ritual einen Trank gebraut und getrunken, der ihnen die Unsterblichkeit im Jenseits, tiefe Erkenntnisse im Diesseits und einen gehobenen, heiteren Bewußtseinszustand verleihen sollte. Dieser Trank bestand u.a. aus Wasser, Honig, Milch und einem Pflanzenextrakt. Die Milch ist ursprünglich die Milch der Jenseitsgöttin beim Wiederstillen nach der Wiedergeburt im Jenseits gewesen. Diese Milch hat dann die Symbolik der Wiedergeburt übernommen.

Die Inder haben diesen Trank nach der Pflanze, deren Extrakt sie für diesen Trank verwendet haben, als „Soma" benannt. Der Trank und die Pflanze werden ausdrücklich als Gottheit angesehen – der Soma-Elf ist also zu einem Gott erhoben worden.

Bei den Persern, die mit den Indern nah verwandt sind, hieß diese Pflanze, dieser Trank und dieser Gott „Haoma".

Die Germanen nannten diesen Trank „Kwasir". Er erscheint in den Mythen auch personifiziert als weiser Mann, der gemeinsam von den Göttern erschaffen worden ist. Bei den Germanen ist allerdings nicht mehr erkennbar, daß dieser Trank auch einen Pflanzenextrakt enthalten hat – auch wenn sie durchaus Kräuterbier hergestellt haben.

Bei den Kelten hieß dieser Gott „Medigenus" – „der Met-Geborene". Dieser Gott des Göttermets hat zwar einen Bezug zu dem Honig, aus dem der Met gebraut worden ist, aber nicht mehr zu einer bestimmten Pflanze.

V 6. Dagda

Der keltische Göttervater Dagda ist eng mit den Haselsträuchern assoziiert worden, die bei den Kelten und Germanen dieselbe Symbolik wie die Apfelbäume gehabt haben. Diese Symbolik stammt von den Erbauern der Megalith-Anlagen in Spanien, Portugal und Frankreich, von wo die Haselnuß ursprünglich stammt.

Auch hier ist der Gott wieder nur mit dem Weltenbaum assoziiert worden, aber er ist nicht selber ein Pflanzen-Elf.

Die germanische Apfelgöttin Idun und die germanische Erdgöttin Jörd sind ebenfalls mit dem Haselnußstrauch verbunden gewesen.

V 7. Hun Nah Yeh

Der Gott „Hun Nah Yeh" ist der Maisgott der Mayas. Er stirbt bei der Aussaat und er wird beim Keimen wiedergeboren – dies ist dieselbe Symbolik wie bei Osiris. Hun Nah Yeh ist folglich der Mais-Elf.

Die Menschen aßen den Mais und sie sind in den Mythen der Mayas einst aus dem Mais erschaffen worden. Hun Nah Yeh ist also wie Osiris auch ein Totengott und das Urbild der Menschen und ihr Urahn. So wie der Pharao in Ägypten sich als Osiris bzw. als Nachkomme des Osiris aufgefaßt hat, so sah sich der König der Mayas als eine Verkörperung des Hun Nah Yeh an.

Diese Mythen ergeben sich aus der Gleichsetzung der Aussaat und des Keimens des Getreides mit dem Tod und der Geburt der Menschen.

Der Maisgott als zeitlich gesehen „erster Mensch" war natürlich auch der Gott des Königs, der rangmäßig gesehen der „erste Mensch" gewesen ist.

V 8. Cinteotl

Der Maisgott Cinteotl ist die toltekisch-aztekische Entsprechung zu dem Maya-Maisgott Hun Nah Yeh.

Cinteotl ist wie Hun Nah Yeh und wie Osiris der Getreide-Elf.

V 9. Yum Kaax

Der Maya-Gott „Yum Kaax" ist die Verkörperung der Vegetation und des Waldes sowie der wilden Tiere. Er wurde von den Jägern vor der Jagd um Hilfe angerufen. Yum Kaax ist also ein Wildnisgott – vergleichbar dem Seth der Ägypter.

Es ist also recht sicher, daß Yum Kaax vor allem den Gegenpol zu dem Maisgott und dem Kulturland verkörpert und kein „allgemeiner Pflanzen-Elf" ist.

V 10. Xochiquetzal

Die aztekische Göttin Xochiquetzal ist die Göttin der Blumen, aber auch die Göttin des Mondes, der Erde, der Liebe, der Tänze und der Spiele. Sie scheint also der Venus der Römer und der Aphrodite der Griechen zu entsprechen – eine Göttin der Liebe und der Schönheit und ursprünglich vermutlich die Wiederzeugungs-Geliebte der Toten im Jenseits.

Da ihr Name „Blumen-Feder" bedeutet, scheinen die Blumen für sie jedoch eine größere Rolle zu spielen. Bei ihrem Fest traten Tänzer in Tier- und Pflanzen-Kostümen auf.

Es scheint allerdings sehr gewagt zu sein, sie als Elfen-Göttin aufzufassen – dafür sind ihre Verbindungen zu den Pflanzen doch zu vage …

V 11. Chicomecoatl

Der Name dieser aztekischen Göttin bedeutet „Sieben Schlangen". Dieser Name weist darauf hin, daß sie eine Göttin der Erde und vermutlich auch der Unterwelt gewesen ist, da die Schlangen die Ahnengeister sind. Sie wurde auch als Göttin der Nahrung und vor allem als Göttin des Mais angesehen. Vermutlich ist ihre Verbindung zu dem Mais jedoch sekundär aus ihrer Funktion als Erdgöttin entstanden – der Mais wächst auf der Erde.

Sie wird also kein Mais-Elf sein.

V 12. Xilonen

Auch sie ist eine Maisgöttin – ihr Name bedeutet „die Haarige" und bezieht sich auf die Fäden am Maiskolben. Xilonen war vor allem für den jungen Mais zuständig.

Angesichts der allgemeinen mittelamerikanischen Symbolik wird sie jedoch eher eine Erdgöttin, die den Menschen den Mais gibt, als eine eine Verkörperung des Mais selber sein – also nicht „Frau Mais", sondern die „Maismutter".

Dieser aztekischen Göttin wurden am 24. Juni mehrere Menschen geopfert und einige Zeit später noch einmal ein Mädchen. Mit dem Opferblut wurde die Statue der Göttin übergossen, um ihr Kraft zu geben.

V 13. Sara Mama

Der Name der Göttin „Sara Mama" bedeutet „Mais-Mutter". Diese Göttin der Quetchua-Indianer in Peru (die fälschlicherweise oft „Inkas" genannt werden) entspricht der aztekischen Göttin Xilonen – sie ist nicht der Mais selber, sondern die Mutter des Mais und des Maisgottes. Sie entspricht auch der ägyptischen Isis, die die Mutter des Korngottes Osiris ist.

V 14. Ilmatecutli

Diese aztekische Göttin war für den reifen Mais zuständig. Vermutlich ist sie wie Xilonen ursprünglich eine Erdgöttin gewesen.

V 15. Xochipilli

Dieser aztekische Gott, dessen Name „Fürst der Blumen" bedeutet, ist ein Gott der Zeugungskraft, der Musik, des Tanzes und des Mais. Er hieß auch „Macuilxochitl", d.h. „Fünf Blumen". Er wird oft zusammen mit Pflanzenranken dargestellt, unter denen sich auch einige halluzinogene Pflanzen befinden, die im Kult der Azteken eine Rolle gespielt haben.

Xochipilli scheint also eine Kombination von „wiedergeborener Gott" (Zeugungskraft), Maisgott (der auch wiedergeboren wird) und Ritualtrank-Gott (eine Entsprechung zu dem Soma-Gott der Inder und dem Haoma-Gott der Perser) zu sein.

Xochipilli könnte also auf mehrfache Weise ein Pflanzen-Elf sein: als Mais-Elf und als der Elf mehrerer Drogen-Pflanzen.

V 15. Oberon

Der Elfenkönig Oberon erscheint erst im 13. Jahrhundert in Westeuropa. Er ist vermutlich eine der vielen Varianten des germanischen Alberich („Elfen-König"), der die Gestalt des ehemaligen Göttervaters Tyr im Jenseits als König der Toten ist. Im Zusammenhang mit diesen Vorstellungen sind die Elfen noch die Ahnengeister der Germanen, die „Alfen" bzw. „Alben" genannt worden sind.

Oberon ist ist vor allem durch Shakespeares „Mittsommernachtstraum" bekannt geworden.

V 16. Totempfähle

Totempfähle gibt es seit der späten Altsteinzeit – vermutlich seit ca. 50.000 Jahren. Sie finden sich auf allen Kontinenten außer in Afrika. Sie stellen einen Menschen und seinen Seelenvogel dar. Bereits in der frühen Jungsteinzeit vor 12.000 Jahren gab es in Göbekli Tepe in Nordmesopotamien und in der weiteren Umgebung um diesen Tempel-Berg mehrere Totempfähle aus Stein, die Panther-Männer mit zwei Kundalini-Schlangen, zweiköpfige Göttinnen mit Seelenvögeln u.ä. darstellen. Diese Symbolik findet sich fast unverändert auch noch 7000 Jahre später in den frühen Kulturen in Sumer und Ägypten.

Diese Vorläufer der ägyptischen Hathor als Baumgöttin und des Osiris als Baumgott werden zwar keine Pflanzen-Elfen, sondern „Gottheiten des Weltenbaums" sein, aber es ist nicht auszuschließen, daß die Menschen in der späten Altsteinzeit und in der frühen Jungsteinzeit die Bäume, aus denen sie ihre Totempfähle erschaffen haben, noch als lebende Wesen aufgefaßt haben.

Daher könnte es evtl. eine Assoziation zwischen den Totempfählen und den Baumgeistern (Elfen) gegeben haben – aber das ist nur eine sehr vage Vermutung.

VI Traumreisen zu den Elfen

Im Folgenden werden drei Beispiele von Traumreisen zu Pflanzen angeführt, um die Art der Gespräche mit den Pflanzen, ihren sehr unterschiedlichen Charakter und ihren „mythologischen Hintergrund" anschaulicher werden zu lassen.

Die drei hier als Beispiel ausgewählten Pflanzen sind die Kamille, die Pfefferminze und der Salbei.

Diese Traumreisen habe ich zusammen mit einer Freundin durchgeführt.

Wenn im Folgenden auf den Traumreisen die Pflanzen sprechen, habe ich ausgesprochen, was ich die Pflanze innerlich habe sprechen hören.

Bei diesen Traumreisen spreche ich alles aus, was ich auf den Traumreisen sehe und höre, und nehme es auf. Gleich danach höre ich mir die Aufnahme an und tippe alles ab, solange meine Erinnerung noch frisch ist.

VI 1. Kamille

Harry: *„Hallo Kamille, wir würden Dich gerne kennenlernen. Magst Du uns etwas über Dich erzählen?"* ...

Kamille: *„Ja."* ... ...

Harry: *„Ich hab' das Gefühl, Du willst nichts sagen, sondern Bilder und Gerüche zeigen?"*

Kamille: *„Ja."*

Harry: *„Also, ich riech' dann mal – mal gucken ... ... ich hab' das Gefühl, Kamille zu riechen oder zumindest was, was so ähnlich riecht ... es hat was Ruhiges, Tragendes ... es ist einhüllend ... es hat irgendwie was sehr Archaisches ... so wie Muttermilch was ganz Archaisches ist ... ich weiß nicht, an was mich das erinnert ... hm, komischerweise an den Schorf, den neugeborene Babys auf ihrem Kopf haben."*

Jule: *„Hm ..."*

Harry: *„Ist ja kurios ... ... Die Kamille fragt mich, was das ist, was in mir bei dem Geruch passiert. ... ... Es hat was von Geborgenheit, wobei ich gemerkt hab', ich muß mich da erst mal irgendwie drauf einlassen ..."*

Jule: *„Ich hab' die schon auf dem Weg hierher* (innerlich) *gerochen."* (Wir hatten verabredet, heute zur Kamille zu reisen.)

Harry: *„Oh ..."*

Jule: *„Auf dem Fahrrad ..."*

Harry (lacht): *„Hm ..."*

35

Jule: „*Ist auch ganz warm, der Geruch.*"

Harry: „*Ja.*" ...

Jule: „*Und hat auch was Erdiges, find' ich, also ... so kraftvoll ...*"

Harry: „*Hm ... ja, stimmt – bei 'Geborgenheit' denk' ich meist nicht an was Kraftvolles ... aber dieser Duft hat beides.*" ... ...

Harry: „*Kamille – soll ich etwas Bestimmtes tun?*"

Kamille: „*Warten.*"

Harry: „*Ja, gut.*" ... ...

Harry: „*Ich hab' das Gefühl, als würde dieser Kamille-Duft oder diese Kamille-Qualität mich einhüllen.*" ... ...

Harry: „*Also fast wie im Bauch meiner Mutter sein, eigentlich ... ... die Kamille lächelt.*" ... ...

Harry: „*Was ist bei Dir im Moment, Jule?*"

Jule: „*Ich mußte gerade daran denken, daß ich Kamille, ätherisches Kamillen-Öl, ehm, geschenkt gekriegt habe, als Daisy zur Welt kam.*" ...

Harry: „*Hm ...*"

Jule: „*Und das ... das war ganz blau ... und das hat auch was ... was Kraftvolles ... aber gleichzeitig auch was Kühles – also ich hab' vorhin 'Wärmendes' gesagt und es ist ja auch warm, aber irgendwie auch kühl ... ich kann das garnicht richtig ... richtig erklären, was ich meine ...*"

Harry: „*Ist das so was wie nüchtern machen, klar machen, auf den Boden bringen?*"

Jule: „*Ne ... ... vielleicht was Ausgleichendes, daß man weder zu heiß noch zu kalt ist ... äh, ich weiß nicht ... ich weiß nicht, ob das richtig ist.*" ... ...

Harry (lacht): „*Ich seh' die Kamille dauernd als so'n Kindergesicht ... das hat gerade den Kopf so'n bißchen schiefgelegt nach links und schmunzelt so'n klein bißchen und guckt wie 'Na, was kommt jetzt? Trifft sie's jetzt? Sie kommt langsam näher.'*"

Jule (lacht): „*Ich hab' eine Kamilla im Kindergarten ... das ist eins meiner Herzkinder.*" ...

Harry: „*Als Du das gesagt hast, fiel mir 'Don Camillo und Peppone' ein.*"

Wir lachen beide ...

Jule: „*Und die Kamilla im Kindergarten, die ist, die hat'n italienischen Vater und ... 'ne Mutter aus Brasilien, und die ist so feurig, das ist unglaublich! Und gleichzeitig kommt sie an 'Ich will auf Deinen Schoß?' und ist ganz, ganz, ganz zart ... und das ist so 'ne schöne Mischung!*" ... ...

Harry: „*Ich hab' die Kamille gefragt, ob sie mir ... uns noch was zeigen kann, und sie meint 'komm zu mir' – ich geh' da jetzt mal hin.*"

Jule: „*Ja.*"

Harry: „*Willst Du mitkommen?*"

Jule: „*Ja.*" ... ...

Harry: „*Der Boden ist ein bißchen lehmig, es sind ein paar Steine drin – es sind kantige Steine, also eher eine Berg-Gegend, kein Fluß-Tal ... der Boden ist trocken, aber nicht ganz trocken ... und es hat ... was Ruhiges, Freundli-ches.*" ... ...
... ...

Harry: „*Siehst Du etwas?*"

Jule: „*Ich seh' ihre Blätter im Wind ... aber so'n Sommerwind, so'n zarter ... und die bewegen sich.*" ... ...

Harry: „*Komisch – ich hab' plötzlich die Perspektive geändert: Ich bin jetzt nur noch zweidrittel so groß wie so 'ne Kamillepflanze ... das ist ... ja, eine ungewohnte Perspektive ...*"

Jule: „*Stimmt ... ich guck ... ich war auch so auf ihrer Höhe.*" ... ...

Harry: „*Kamille? Gibt es hier etwas Wichtiges zu sehen?*" ...

Kamille: „*Dich selber.*"

Harry: „*Ehm ... wenn ich mich selber sehe, versteh' ich Dich besser?*" ...

Kamille: „*Probier's mal aus ...*"

Harry: „*Hm ... (lacht) ... Ich hab' mich selber angeguckt, da hab' ich geseh'n, daß ich 'ne Kamillepflanze bin – das hatte ich vorher garnicht bemerkt.*" ... ...

Jule: „*Kamille ist Familie ...*"

Harry stimmt mit Nachdruck zu: „*Hm! ... Ich hatte auf einmal das Gefühl ich hab' mehrere Köpfe.*"

Jule lacht ...

Harry: „*Also die Blüten und mehrere Arme – das sind die ganzen Blätter und Zweige ... daß sich das wie 'ne Familie anfühlt ... ... 'Kamille ist Familie.' ... ja ... ... diese ganzen Kamillepflanzen, die da stehen, die gehören zusammen ...*"

Jule: „*Ich hab' fast das Gefühl, als ob die miteinander zwitschern würden ...*"

Wir lachen beide ...

Jule: „*So ...*"

Harry: „*Hm ...*" ... ...

Jule: „*Die sind auf jeden Fall ganz freundlich und ...*" ... ...

Harry: „*Hm ... die sind auch aufrichtig miteinander ... aufrichtig und aus dem Gefühl heraus ...*"

Jule: „*Ganz gefühlsbetont – genau.*" ...

Harry: „*Ja, das ist das Gefühl, Teil von 'ner Gemeinschaft zu sein ...*" ... ...

Harry *(lacht schmunzelnd)*: „*Das hat so was Freundliches, Schlichtes.*"

Jule: „*Hm.*"

Harry: „*Ich mußte eben kurz an Hobbits denken.*"

Jule: „*Hm.*"

Harry: „*Das ist zwar nicht genau dasgleiche, aber das hat 'ne Ähnlichkeit.*" ... ...
...

Harry: „*Da ist auch Fürsorge füreinander.*"

Jule: „*Hm.*" ... ...

Harry: „*Ich hab' die Kamille grad nochmal gefragt, ob es etwas zu tun gibt oder ob es gut wär', etwas Bestimmtes zu sehen – sie meint aber: 'Ne, einfach dasein.'*"... ... ...

Jule: „*Ich hab' irgendwie das Gefühl, als ob die Welt stehenbleibt, wenn man auf so 'nem Kamillenfeld liegt.*"

Harry lacht zustimmend: „*Ja ...*"

Jule: „*Das hat so was total Zeitloses ...*"

Harry: „*Meinst Du das jetzt auf dieser Traumreise oder meinst Du das jetzt auch in echt?*"

Jule: „*Hm ... ich meine, jetzt, wenn ich mir vorstelle, mich da hinzulegen, wo die Kamille wächst, das man da so liegen kann ...*"

Harry: „*Hm.*"

Jule: „*Die ... die Köpfe nicken so im Wind und ... das riecht so ... so schön und ... und ... das hat sowas, da kann man so ganz schön träumen und ... also tagträumen oder ... ehm ... das hat was ganz Ruhiges, was so ... wo man so richtig gut runter-kommen kann ...*"

Harry: „*Hm ...*"

Jule: „*Der Duft hat ja auch überhaupt nichts Überwältigendes – der ist klar und ... aber nicht bedrängend – ich find' den garnicht bedrängend ...*"

Harry: „*Ich muß mich da immer erst drauf einlassen.*"

Jule: „*Auf den Duft der Kamille?*"

Harry: „*Hm ... das geht dann, aber das ist so wie ... 'Ja, gut, jetzt mach' ich das mal.' So ...*"

Jule: „*Hm ... also, ich kann Kamillentee auf gar keinen Fall trinken, wenn mir übel ist – also, alle sagen, wenn man Bauchweh hat oder wenn einem übel ist, soll man Kamillentee trinken, ich find das ... da könnt' ich direkt kotzen ... also das ist für mich so richtig ... das paßt so überhaupt nicht zusammen.*"

Harry: „*Hm ...*"

Jule: „*Für mich ist das eher so was ... das hat auch so was von Feierabend ...*"

Harry: „*Hm ...*"

Jule: „*Und zusammensitzen.*"

Harry lacht zustimmend: „*Ja – und Wurzeln haben ...*"

Jule: „*Ja!*" ...

Harry: „*Irgendwie sind die Wurzeln bei dieser Kamille wichtig, obwohl die nicht groß sind oder ... nicht festklammern oder irgendsowas, aber es hat sowas ... so'n Halt haben, so'n Rückhalt haben, so Geborgenheit ...*"

Jule: „*Ich hatte vorhin ein Bild von den Wurzeln, daß die sich berühren ... also, daß die unterirdisch, daß die Pflanzen irgendwie so ...*"

Harry: „*Hm ...*"

Jule: „*Daß die sich mit den Spitzen so leicht berührt haben ...*"

Harry: „*Hm.*"

Jule: „*Da konnt' ich dann in die Wurzeln der einen rein und dann da rüber und dann da hoch ...*"

Harry lacht schmunzelnd-genießend ...

Jule: „*So als ob die Hände halten ... Weißt Du?*"

Harry: „*Ja.*"

Jule: „*So'n bißchen so was ...*"

Harry: „*Ja.*" ... ...

Harry: „*Machen die Wurzelsprößlinge?*"

Jule: „*Ich glaube nicht.*"

Harry: „*Ich glaub' eigentlich auch nicht.*"

Jule: „*Ich glaub', die sind einjährig ... die samen aus ...*" ...

Harry: „*Ich glaub', die fühlen sich in der Erde geborgen ...*"

Jule: „*Hm.*"

Harry: „*Also, 'die' ... ich könnt' ja 'wir' sagen – ich bin ja auch gerade eine Kamille-Pflanze.*" ... ...

Harry: „*Ich hab' das Gefühl, hier gibt's gar keine weiten Reisen oder große Erlebnisse oder Verwandlungen oder irgendwie sowas Dramatisches – das ist einfach so ... wie so, ja, genießend im Nest sitzen ...*"

Jule: „*Hm.*"

Harry: „*Genießend und geborgen im Nest sitzen – so ...*" ... ...

Jule: „*Auch so was Liegendes, so ... bei mir ist es nicht 'Nest', sondern so 'ne Wiege.*"

Harry lacht: „*Ja, 'Wiege' paßt noch besser.*" ... ...

Harry: „*Ja, ich hab' bei Kamille auch immer so das Gefühl, das ist eine Kleinkinderpflanze.*"

Jule: „*Hm.*" ... ...

Harry: „*Ich hab' die Kamille gefragt, ob es noch was zu sehen gibt, und sie hat gesagt: 'Du bist da.' ... Ich hab' auch das Gefühl, daß das, was ich da gerade erlebe oder fühle, ist das, was die Kamille ausmacht.*"

Jule: „*Hm.*" ... ...

Harry: „*Möchtest Du da noch bleiben oder hast Du das Gefühl, es ist gut so?*" ... ...

Jule: „*Es ist gut so.*"

Harry: „*Hm, hab' ich auch, das Gefühl. ... Danke Kamille!*"

Jule: „*Ja – danke!*"

Harry: „*Ho!*" ... ...

Harry: „*Mondig ist das.*"

Jule: „*Mondig?*"

Harry: „*Ja.*" ...

Jule: „*Ja, vielleicht ist das das Kraftvolle, aber Kühle ... aber auch nicht kalt.*"

Harry: „*Ne, kalt ist das nicht.*"

Jule: „*Mondig.*" ... ...

Harry: „*Ich bin beeindruckt, wie verschieden die Qualitäten von diesen Pflanzen sind.*"

Jule: „*Ja ...*"

Harry: „*Das hätte ich mir vorher nicht vorstellen können.*" ...

Jule: „*Ich wußte, das es so ist, aber ich wußte nicht ... ich hatte nicht wirklich 'ne Ahnung, wie ... weißt Du, wie ich meine?*"

Harry: „*Hm ... hm, bei Heilsteinen weiß ich das eigentlich, das hätt' ich auf die Pflanzen übertragen können, aber das hab' ich nicht gemacht ... Das gefällt mir mit diesen verschiedenen Qualitäten ...*"

VI 2. Pfefferminze

Harry: „*Pfefferminze, wir würden Dich gerne besser kennenlernen. ... Als ich mich gerade darauf ausgerichtet habe, die Pfefferminze zu fragen, habe sich schon so'n Gefühl gekriegt, so von ... ja, ich sag' mal, von Frische und Freiheit.*"

Jule: „*Ja, kühler Wind.*"

Harry: „*Hm ... ... Das ist so, als würde ich jemanden sehen, der sich so um- guckt: 'So, was können wir denn jetzt mal machen?' ... So was Unternehmungslusti- ges ... ... Möchtest Du uns etwas sagen oder zeigen, Pfefferminze?*"

Pfefferminze: „*Ich hab' doch schon angefangen.*" ... ...

Harry: „*Pfefferminze – hat das'n Grund, daß ich die Ahrtal-Berge sehe?*"

Pfefferminze: „*Da gefällt's Dir halt – und da ist Weite, wenn man da oben ist.*" ...

Harry: „*Ja, das stimmt – da bin ich gerne.*" ... ...

Harry: „*Ich hab' grad' gehört, wie mich die Pfefferminze gefragt hat, ob wir da hinkommen woll'n, und ich bin irgendwie 'n bißchen irritiert, weil das so'n konkreter Ort ist ... etwas westlich von der 'Bunten Kuh' auf der Nordseite von der Ahr ... hm ... Was ist bei Dir gerade, Jule?*"

Jule: „*Also, ich hab' Pfefferminze im ... im Wasser steh'n seh'n und es ... war so ganz kühles Wasser, aber ... fließendes ... so wie 'ne Quelle, ganz frisch und rein ...*"

Harry: „*Hm .... die wuchs da im Wasser, oder?*"

Jule: „*Ja.*" ...

Harry: „*Ich glaub', ich komm' mal in Dein Bild. ... Hm ... Oh, dies Wasser hat einen guten Geschmack!*"

Jule: „*Hm.*"

Harry (lacht): „*Pfefferminzwasser.*" ... ...

Harry (atmet tief durch): „*Ich hab' sie gefragt, ob es was zu tun gibt – und sie hat mich daraufhin gefragt, was ich denn tun will.*" ...

Harry: „*Ich möchte schöne Dinge erleben.*" ...

Pfefferminze: „*Welche Dinge?*" ...

Harry: „*Das weiß ich noch garnicht so konkret.*" ...

Pfefferminze: „*Und woran könntest Du erkennen, daß es schöne Dinge sind?*" ...

Harry: „*Es gäb' ein Gefühl von Leichtigkeit, von Mühelosigkeit ... von Freude ... von Berührtsein ... Bereicherung ... von Frische ... hm ... das hätt' ich gern.*" ... ...

Harry atmet tief durch. ... ...

Harry: „*Ehm, Pfefferminze – muß ich jetzt dafür irgendetwas tun?*" ... ...

Pfefferminze: „*Du mußt es Dir wünschen ... und drauf vertrauen, daß der Wunsch in Erfüllung geht.*" ...

„Harry: „*O.k., dann mach' ich das mal.*" ...

Harry (lacht): „*Sozusagen eine Grundlektion in Magie.*" ... ...

Harry atmet ganz tief durch – ist dieses tiefe Durchatmen 'pfefferminzig'? ... ...

Harry: „*Was ist bei Dir, Jule?*" ...

Jule: „*Ich hab' gerad das Gefühl, als ob die Pfefferminze mich durchputzen würde.*"

Harry (lacht schmunzelnd): „*Das stell' ich mir gut vor.*"

Jule: „*Ja, das ist schön!*"

Harry: „*So'n ähnliches Gefühl hatte ich eben, als ich mir eben diese Eigenschaften alle vorgestellt und gewünscht habe.*"

Jule: „*Hm.*" ... ...

Eine sehr lange Pause von zwei Minuten; ab und zu ein tiefer Atemzug von Harry. ... ...

Harry: „*Pfefferminze – wäre es hilfreich, wenn ich irgendwas Bestimmtes tue, wenn ich Dich besser kennenlernen möchte?*" ... ...

Pfefferminze: „*Du kannst mich besser kennenlernen, indem Du versuchst, so zu leben, wie ich bin – das ist die direkteste Methode.*" ...

Harry: „*Das heißt – dieses Wünschen und darauf-Vertrauen, daß es in Erfüllung geht?*"

Pfefferminze: „*Ja.*" ...

Harry atmet wieder tief durch ...

Harry: „*Ist das da besser, mir da was allgemein zu wünschen oder auch ganz konkret?*"

Pfefferminze: „*Halt so, wie der Wunsch ist – wie sonst?*" ...

Harry: „*Ja, gut.*" ... ...

41

Noch eine lange Pause von zwei Minuten; ab und zu ein tiefer Atemzug von Harry.
……… ……… ………

Harry: „*So mein Hauptgefühl ist, daß die Pfefferminze Wege frei macht. ... Ja, und reinigt.*" ...

Jule: „*Bei mir ist sie jetzt komplett durch den Körper durchgegangen und alles irgendwie ... so ... alles durchgeputzt ... so ... ja, irgendwie so ... ... frisch und luftig gemacht.*" ...

Wieder ein tiefer Atemzug von Harry. ……… Noch eine lange Pause von einer Minute; ab und zu ein tiefer Atemzug von Harry. ……… ……… ………

Harry: „*Pfefferminze, gibt es bei Dir noch mehr zu entdecken?*" ... ...

Harry: „*Ich meine, daß sie sagt, daß da sonst nichts wäre – daß sie einfach das ist.*" ... ...

Ein tiefer Atemzug von Harry – alle diese auffälligen, tiefen Atemzüge sind durch die Nase, nicht durch den Mund. ...

Jule: „*Gerade hatte ich ja das Bild, daß sie mich so ... so reinigt und ... und gleichzeitig hat sie mir so kleine Flügel gemacht ... an meine Arme dran.*"

Harry: „*Hm ... kleine Flügel – paßt irgendwie gut.*"

Jule: „*Ja, und ich hatte das Gefühl, wenn, wenn die, ich hatte so das Gefühl, ich kann gleich mal so'n bißchen wie so'n Habicht, wie so'n Raubvogel, so, so einfach so über den Köpfen, so ... kreisen und gucken ...*"

Harry: „*Hm.*"

Jule: „*Ah, die Flügel waren aus ihren Blättern.*"

Harry: „*Hm ... die Blätter oder die Blütenblätter?*"

Jule: „*Die Blätter.*"

Harry: „*Hm.*"

Jule: „*Die waren so wie Schuppen übereinandergelegt.*"

Harry: „*Hm.*"

Harry macht wieder ein tiefen Atemzug. ...

Harry: „*Das ist'n schönes Gefühl, da oben zu fliegen und runterzugucken.*" ... ...

Harry: „*Ich habe auch die ganze Zeit bei allen Bildern, die ich so sehe, immer das Gefühl, es ist ganz sonnig und hell, aber es ist nicht warm.*"

Jule: „*Hm.*" ...

Harry: „*Nur so 'ne helle Klarheit.*"

Jule: „*Hm.*" ... ...

Jule: „*Da, wo sie im Wasser stand, bei der Quelle, da war's sogar halbschattig, also bei mir.*"

Harry: „*Hm, ja.*"

Jule: „*Da war so'n sehr gemischtes Licht, das war nicht so ... aber trotzdem sehr hell.*"

Harry: *„Das hab' ich auch so geseh'n.“*

Jule: *„Ich hab' das trotzdem sehr ... eben diese ganz klare Luft und dieses ganz klare Wasser ... ehm ... das war sehr kühl und ... frisch, aber total hell ...“*

Noch eine lange Pause von einer Minute; ab und zu ein tiefer Atemzug von Harry. … … … … … … … … …

Harry: *„Ich hab' die Pfefferminze grad gefragt, ob sie mir noch etwas zeigen will, und sie meint, ich soll mal mitkommen ... sie geht wieder Richtung 'Bunte Kuh', also zu diesem Berg an der Ahr.“*

Jule: *„Hm.“* … … … … … … … … …

Harry macht einen tiefen Atemzug.

Harry: *„Ich sitz' da jetzt ... nicht allzuweit unterhalb des Gipfels ... so auf der Westseite und gucke ... nach Süden in das Ahrtal ... und die Pfefferminze hat mich gefragt, ob ich da nicht Lust habe, Flöte zu spielen ... und irgendwie finde ich, paßt das ... ich überleg' grad, welche Flöte, ich glaub ... meine Bambus-Querflöte paßt da am besten ... ... hm – die hat einen viel höheren Ton als sonst ...“*

Jule: *„Ich wollte gerade sagen, ich würde lieber die Tin-Whistle dafür nehmen – die paßt so gut.“*

Harry: *„Ja, die hab' ich auch kurz in der Hand gehabt, ja ... (lacht) und meine Bambus-Querflöte klingt jetzt auch fast so.“* … … …

Ein tiefer Atemzug von Harry. … … … … … … … … …

Harry: *„Ich hab' jetzt mit dem Flötespielen aufgehört und lehn jetzt mit dem Rücken am Felsen, so halb liegend ... ich spüre den Wind und die Sonne ... ja ... da bin ich einfach so zufrieden ...“* … … …

Harry: *„Was erlebst Du grad?“* ...

Jule: *„Ich bin grad abgeschweift.“*

Harry: *„Hm.“* ...

Noch ein tiefer Atemzug von Harry. … … ..

Harry: *„Ich hab' eigentlich das Gefühl, es ist gut so – das hab' ich vor 'ner Weile auch schon mal gehabt ... Ich glaub, die Pfefferminze macht sowieso ... irgendwie zufrieden ...“*

Jule: *„Hm.“* ...

Harry: *„Was meinst Du – möchtest Du noch weiter schauen?“*

Jule: *„Ne, ich bin fertig.“*

Harry: *„O.k. ... ja, Pfefferminze – vielen Dank!“*

Jule: *„Ja, Danke!“*

Pfefferminze: *„Bitteschön!“*

Harry: *„Ho!“* … … …

Wir lachen beide zufrieden …

Harry: *„Die haben einen so deutlichen Charakter, diese Pflanzen ...“*

Jule: *„Hm.“* … … … … … … … … …

Harry: „*Jetzt hab' ich auf einmal den Geschmack von ... was ist das ... es gibt so Riegel aus Zucker mit Pfefferminzgeschmack, die sind halb weiß und halb rosa ... so dicke Blöcke ...*"

Jule: „*Die kenn' ich nicht – ich kenn' nur diese Linsen ... diese Schoko-Linsen mit Pfefferminzschokolade ... die auch rosa oder weiß sind.*"

Harry: „*Ja, wenn die Schokolade weg ist, dann ist das dasselbe.*"

Jule: „*Ja, o.k., ja, ich kann mir das vorstellen – so Zuckerkram, oder?*"

Harry (lacht): „*Ja.*"

Jule: „*Oh, diese Schokolinsen! Die fand ich so lecker! Ich hab' die ein paar Jahre andauernd gegessen!*"

Jule lacht.

Harry: „*Mal gucken, ob ich die irgendwo finde – da hab' ich jetzt gerade Lust drauf!*"

Jule: „*Oh, ich auch!*"

Wir lachen beide lauthals.

Jule: „*Oh, wir gehn jetzt gleich Schokolinsen kaufen!*"

Wir lachen noch immer ...

Harry: „*Ja, ich lieber ohne Schoko – gucken wir mal.*"

Jule: „*Ja und 'after eight' ist auch so lecker – nur sind die von Nestle gekauft worden und die mag ich nicht!*"

VI 3. Salbei

Dies war Jules erste Pflanzen-Traumreise.

Harry: „*Zum Vorgehen ...*"

Jule: „*Hm ...*"

Harry: „*... also ... ich mach' das in letzter Zeit so, daß ich einfach mal den Salbei innerlich anspreche und dem sage, was ich will ...*"

Jule: „*Hm ...*"

Harry: „*... und dann guck ich, ob ich Bilder sehe oder ob irgendwas kommt ...*"

Jule: „*Hm ...*"

Harry: „*... und ich würd' einfach mal anfangen – und wenn Du irgendwas wahrnimmst oder was siehst, dann kannst Du einfach was sagen. ... Also, die Hälfte der Zeit sag' ich sowieso nichts, weil ich immer am lauschen und gucken bin.*"

Jule: „*Hm ...*"

Harry: „*Soll'n wir einfach mal gucken, wie's wird und bei Bedarf irgendwas ändern?*" ...

Jule: „*Ja. ... Also – bei mir ist nach wie vor die Frage, wie komme ich da überhaupt hin, sowas ... also ... ich kann mir'n Salbei vorstellen ... ehm ... aber ich kann nicht differenzieren, was ich da reininterpretier' und was mir wirklich entgegenkommt.*"

Harry: „*Brauchst Du am Anfang auch nicht. ... Der erste Teil ist einfach das Aussprechen – völlig egal, woher das kommt.*"

Jule: „*O.k. ...*"

Harry: „*Das ist so wie wenn ein Chemiker zwei Sachen zusammenkippt – der zieht sich seine Sicherheitskleidung an, setzt die Brille auf und kippt die mal zusammen und guckt, was passiert.*"

Jule: „*Hm ...*"

Harry: „*Dann notiert er, wie groß der Sachschaden ist, wie heiß es geworden ist und nach was es gestunken hat – und dann weiß er, was passiert, wenn er die beiden Sachen mischt und dann kann er sich überlegen ... aber erst anschließend ... das war so, das war so, das könnte ich mal anders machen ... also es gibt da die Phase, da ...*"

Jule: „*Ja, ich hab', ich hab' das Gefühl, daß ich so bei im Materiellen bleibe – das ist was ich meine. Weißt Du, was ich ... das ist ...*"

Harry: „*Ach so – kannst Du Dir vorstellen, daß Du sozusagen von dem Salbei träumst und Dich im Traum mit dem Salbei unterhältst? ... Oder daß Du jetzt in'n Märchen gehst, in dem die Pflanzen sprechen können?*" ...

Jule: „*Ich kann's ja mal versuchen ... ausprobieren ...*" ...

Harry: „*O.k. ... Machen wir einfach mal ...*"

Jule: „*Ja.*"

Harry: „*... und gucken, was so kommt.*"

Jule: „*Ja.*"

Harry: ein tiefer Atemzug ...

Harry: „*Hallo, Salbei ... wir würden Dich gerne besser kennenlernen ... also, ich kenne Dich als Gewürz, als Pflanze und zum Räuchern und ... ich hab' Dich bei mir als Pflanze auf dem Balkon ... und wenn Du uns etwas erzählen möchtest ... wär' das schön.*"

Salbei: „*O.k., was wollt ihr denn wissen?*"

Harry: „*Hm ... ich hab' eigentlich noch garnichts Spezielles, was ich wissen will – ich möcht' Dich einfach kennenlernen.*" ...

Salbei: „*Dann schau.*" ...

Harry: „*Ich gucke.*" ... ...

Harry: „*Ich seh' 'ne Landschaft ... da liegen viele eckige Steine 'rum ... also wahrscheinlich eher eine Hochebene als Flachland ...*"

Jule: „*Das ist total trocken.*"

Harry: „*Ja ... da sind Kräuter und ... ja, so ... Stachelsträucher, sag' ich mal ...*"

Jule: „Das ist sehr silbrig."

Harry: „Mm ... Es riecht so'n bißchen staubig-aromatisch ... das erinnert mich ein bißchen an Südfrankreich ..."

Jule: „Und es ist auch windig und warm."

Harry: „Ja, es ist eigentlich noch trockener als die meisten Gegenden in Südfrankreich."

Jule: „Mm ..."

Harry: „'Ne Hochebene oder so."

Jule: „Mich erinnert das so'n bißchen an – ich war mal auf Kreta – da war das so steinig und ganz trocken."

Harry: „Das könnte sein – auf Kreta war ich noch nicht. Was ist ..."

Jule: „Obwohl – auf Kreta war das bergig und das hier ist nicht bergig."

Harry: „Ne – das ist so 'ne Ebene."

Jule: „Ja."

Harry: „Gut. ... Salbei?"

Salbei: „Ja?"

Harry: „Gibt es hier einen Ort, der besonders wichtig ist oder wo wir was über Dich erfahren können? ... ... Der Salbei sagt, daß ich ein bißchen geradeaus gehen soll, aber nicht weit. ... Da ist was Komisches am Boden. Sieht aus wie'n Loch, aber es ist kein Loch. ... So ... Hä? ... Was ist das denn? ... So drei, vier Meter Durchmesser ... es hat sowas Glänzendes, Schwarzes, aber auch so ... wie so Lichtreflektionen ... Was ist das??? ... Siehst Du das, Jule?"

Jule: „Nein."

Harry: „Salbei? Was ist das, was ich da sehe?"

Salbei: „Das ist mein Schatten."

Harry: „Dein Schatten? ... Hä? ... Ich setz' mich mal davor ... ... Sehe ich da als Bild eine Wirkung von Dir, Salbei, auf Menschen?"

Salbei: „So könnte man das nennen." ...

Harry: „Wie kann ich rausfinden, was das für 'ne Wirkung ist?"

Salbei: „Indem Du hineingehst." ...

Harry: „Kann ich da auch wieder ... herauskommen, ohne diese Qualität mit mir mitnehmen zu müssen?" ...

Salbei: „Ja." ...

Harry: „O.k. ... ehm ... möchtest Du da mitkommen, Jule?"

Jule: „Ja, ich würde gerne mit, aber ich kann das gerade nicht sehen."

Harry: „Ich kann Dich einfach an die Hand nehmen, dann ..."

Jule: „Ich geh' huckepack."

Harry: „Huckepack? Ja, auch gut ..."

Harry nimmt auf der Traumreise Jule auf seinen Rücken.

Harry: „Lustig, Du bist ja total leicht ..."

Jule lacht.

Harry geht mit Jule huckepack in das Schwarze.

Harry: „O.k. ... oh ... das ist gar kein Reingehen, das ist ... das ist auch kein Fallen ... das ist wie ... wie Schweben ... merkwürdig ... ... Ist hier irgendwas Besonderes?" ... ...

Harry: „Es zieht irgendwas in meinen Bauch, also mein Sonnengeflecht und mein Hara, so'n bißchen zusammen ... ist nur ... ist eigentlich nicht unangenehm, es ist ... fühlt sich an, wie 'ne bestimmte Form der Konzentration ... es ist'n Gefühl ... ja, irgendwie von Nüchternheit ... Salbei?"

Salbei: „Ja?"

Harry: „Wäre es förderlich, wenn ich hier irgendwas Bestimmtes tue? Also förderlich, damit ich das verstehe?" ...

Salbei: „Laß diese Schwärze mal in Dich hinein."

Harry tut das. ... ...

Harry: „Die erinnert mich an was! ... An 'ne Traumreise, die ich mit Jörg nach Binah gemacht hab'! Zu der Sphäre auf dem Lebensbaum ... da, wo man die Gemeinschaft aller Wesen finden kann – da sind wir durch einen langen Tunnel gegangen, bevor wir da hingekommen sind ... Hat das damit was zu tun, Salbei?" ... ...

Salbei: „Schaue." ... ...

Harry: „Wo bist Du gerade, Jule? Nimmst Du irgendwas wahr?" ...

Jule: „Ich hab' das Gefühl, das es sehr dunkel um mich rum ist, aber mehr kann ich dazu nicht sagen." ... ...

Harry: „Ich sehe wie so schemenhaft aztekische oder eher toltekische Tempelfronten ... Was macht das hier?" ...

Salbei: „Schaue weiter." ... ...

Ein sehr tiefer Atemzug von Harry ... ...

Harry: „Es wird ruhiger in mir. ... Das ist wie so'n Loslassen und Ankommen. ... Ein bißchen so ähnlich wie in der Schwitzhütte." ...

Salbei: „Du schaust Dir gerade die Salbei-Orte an."

Harry: „Hm ... Gibt's da noch mehr davon? ... ... Ich sehe Prärie ... komischerweise hab' ich das Gefühl, ich rieche Büffel, obwohl ich ja nun wirklich keine Ahnung habe, wie Büffel riechen ... Sind diese Bilder das Wesentliche, Salbei?"

Salbei: „Nein."

Harry: „Wie finden wir das Wesentliche?"

Harry: Ein sehr tiefer Seufzer ...

Salbei: „Laßt los." ... ...

Harry: Noch ein sehr tiefer Seufzer ... ...

Harry: „Ich rieche Salbei ... der Duft ... ja, irgendwie fängt der an, mich auszufüllen ... nicht ganz – hauptsächlich Atemwege, aber ... das geht drüber hin-aus ... ...

..."

Harry: Noch ein tiefer Seufzer ...   .

Harry: Noch ein weiterer tiefer Seufzer ...   .

Harry: „*Soll ich weiter einfach loslassen, Salbei?* "   ...

Salbei: „*Was spürst Du?* "   ...

Harry: „*Ruhe, Gelassenheit ... ... das hat so was Aufgeräumtes irgendwie ...* "

Jule: „*Im Kopf aufgeräumt.* "

Harry: „*Ja. ... Die Dinge sind an ihrem Platz, sie sind nicht alle erledigt, aber ... die sind da nur ...* "

Jule: „*... oder geputzt.* "

Harry: „*Geputzt ... ja, hm ...* "   ... ...

Harry: Ein tiefer Atemzug durch die Nase ...   . Noch ein tiefer Atemzug durch die Nase ...

Harry: „*Hm ... sagt man deshalb, daß Salbei reinigt?* "   ...

Salbei: „*Du siehst es ja ...* "   ... .

Harry: Noch ein tiefer Atemzug und wieder auffälligerweise durch die Nase …

Harry: „*Ich merk' die Wirkung grad' am deutlichsten zwischen dem Gaumen-Chakra und dem Dritten Auge ... als würde sich da Kraft sammeln ...* "

Jule: „*Kalte Kraft, find' ich – also bei mir ist es kalt.* "   ...

Harry: „*Jaa ...* "

Jule: „*Das ist so frisch.* "

Harry: „*Frisch, ja – ist keine heiße Kraft ... Was macht diese Kraft da, Salbei?* " ...

Salbei: „*Schau doch einfach.* "   ... ...

Harry: Ein sehr tiefer Seufzer – diesmal durch den Mund …   … … …   … … …   … …

Harry: „*Die verbindet was in mir ... die gibt meinen Vorstellungen und Konzepten und Absichten in meinem Dritten Auge, die gibt dem irgendwie Wurzeln ... die holt das wie auf den Boden, also ... auf freundliche Weise ... so als könnt' ich dann viel besser sehen ... was eigentlich wichtig ist ... ja ... ... und das reicht bis in den Brustraum ... ich weiß nicht, ob bis zum Herzchakra, aber bis in den Brustraum jedenfalls ... aber der Hauptpunkt ist da unter dem Dritten Auge ... ...* "

Harry: Ein ziemlich schneller und sehr tiefer Atemzug …   … … …   … … …   … …

Harry: „*Ich muß immer wieder lächeln, ich weiß garnicht wieso eigentlich, aber ... so ... es ist wie so grundlose Freude da ... irgendwie kommt das durch das, was der Salbei da macht in dem ... ja, unter dem Dritten Auge ... ...* "

Harry: Noch ein tiefes Einatmen durch die Nase, das dann in ein herzhaftes Gähnen übergeht ... dieses 'differenzierte tiefe Atmen und Seufzen' ist bisher auf anderen Traumreisen nicht vorgekommen.   … … …   … … …   … … …

Harry: „*Sag', Salbei, hatte diese felsige, trockene Ebene was mit verkopften Vorstellungen zu tun?*"

Salbei: „*Guck lieber – die Frage ist verkopft.*"   ...

Harry: „*Ja, gut.*"   ... ...

Harry: „*Was ist bei Dir, Jule?*"

Jule: „*Ich glaub', das ist seine liebste Heimat.*"

Harry: „*Diese Stelle?*"

Jule: „*Mm.*"   ... ...

Harry: „*Bei mir fängt das da richtig an zu arbeiten. ... Also, ein bißchen so, als würde da was durchgeknetet oder hin- und hergeschoben ... ...*"

Harry: Ein tiefer Atemzug durch die Nase ...   ...

Jule: „*In Deinem Kopf?*"

Harry: „*Wie bitte?*"

Jule: „*In Deinem Kopf?*"

Harry: „*Ja, diese Stelle da ...*"

Jule: „*Ja.*"

Harry: „*... unter dem Dritten Auge, in diesem Raum.*"

Jule: „*Ja.*"

Harry: „*Da sind wie so Bewegungen zu merken.*"

Jule. „*Ja.*"   ... ...

Harry: Wieder ein sehr tiefer Atemzug durch die Nase ...   .

Jule: „*Also für mich fühlt sich das an, als ob das die ganzen Nebenhöhlen sind, ich hab' so'n Bewußtsein von meinen Nebenhöhlen im Kopf ...*"

Harry: „*Mm.*"

Jule: „*... alles, was so im Gaumen und in der Stirn ... ehm ... an Luftraum ist.*"

Jule: Ein langes Ausatmen ...

Harry: „*Ja ...*"   ...

Jule: „*Das ist so ganz frei.*"   ...

Harry: „*Ich merke inzwischen auch das Dritte Auge selber ... also, diesen angenehmen Druck, der da manchmal anfangs* (beim Meditieren) *entsteht.*"   ... ...

Harry: Wieder ein tiefer Atemzug durch die Nase ...   .

Harry: Noch ein tiefer Atemzug durch die Nase ...   .

Harry: „*Ich fühl' da ein Pulsieren – und das ist genau zwei Herzschläge lang ... also nicht derselbe Rhythmus wie mein Herzschlag, sondern wie zwei Herzschläge* (d.h. halb so schnell)*.*"   ... ...

Harry: Ein tiefer Atemzug durch die Nase ...   .

Harry: „*Soll ich weiter schauen, Salbei? Oder kann ich Dich etwas fragen?*"

Salbei: „*Frag' ruhig.*"   ...

Harry: „*Gibt es etwas ... ja ... was Du mir persönlich sagen oder zeigen magst,*

also was ... für mich persönlich gerade förderlich, hilfreich, genußreich oder so ist? "
...

Salbei: *„Schau. "*   ... ...

Harry: *„Ich sehe eine ganz kleine, blaue Lichtkugel, also die ist ... winzig ... die schwebt da vor mir ... so ... ja, ich glaube, auf Halshöhe ... vielleicht Kinnhöhe ... so, ja ... ich kann die Entfernung schlecht erkennen ... zwei, drei Meter vielleicht ... Was willst Du, Lichtkugel? "*

Lichtkugel: *„Schau auf mich. "*   ... ...

Harry: *„Du bist zwar 'ne Lichtkugel, aber Du kommst mir vor wie ... konzentrierter Salbeiduft ... die Kugel kommt immer näher und wird größer ... "*   ... ...
... ...

Harry: Ein tiefer Atemzug durch den Mund ...

Harry: *„Die ist jetzt fast kopfgroß und kurz vor meinem Hals und Kinn ... ... Soll ich irgendwas tun, Kugel? "*   ...

Kugel: *„Kommt drauf an, wie mutig Du bist. "*

Harry: *„Ehm ... ja, gut ... und wenn ich mutig bin? "*

Kugel: *„Dann springst Du in mich hinein. "*

Harry: *„Hm ... willst Du mitkommen, Jule? "*   ...

Jule: *„Ja. "*

Harry: *„Wieder huckepack? "*

Jule: *„Ja, das war gut. "*   ...

Harry: *„O.k. ... dann spring' ich jetzt ... ... Es ist ganz hell hier ... da ist wie ... ja, wie hoch oben in der Luft unter dem Himmel zu ... schweben? fliegen? ... ich weiß es nicht – ich bin halt da oben ... ich weiß auch garnicht genau, ob da unten irgendwo Erde ist ... ... "*

Harry: Ein tiefer Seufzer durch den Mund ...   ...

Harry: *„Es ist hell hier ... und es ist weit ... und es ist ganz viel Raum ... ... es ist'n Gefühl wie es Vögel haben, also jetzt nicht daß ich da jetzt Federn am Rücken hab' oder so, aber so wie ... Flügel haben ... "*

Harry: Ein ganz tiefer Seufzer durch die Nase ...   .

Harry: *„Das ist, als wenn ich in dem Dunklen eben auf dem Boden angekommen bin, so in der Geborgenheit, und hier ... ja, wo vor allem Freiheit ist ... ... Hm, das erinnert mich an die Traumreise mit Jörg nach Chokmah, wo wir diesen Lichtsturm gefunden haben – gegenüber von Binah auf dem Lebensbaum ... das ist alles nicht so heftig wie damals, viel friedlicher ... aber die Grundstimmung ist dieselbe ... "*

Harry: Noch ein Seufzer mit offenem Mund ...   ...

Harry: *„Was ist bei Dir, Jule? "*   ...

Jule: *„Also, nachdem wir gesprungen sind ... also, nachdem Du gesprungen, reingesprungen bist ... hatte ich'n ganz dollen Sog – also 'Sog' ist nicht so ganz das richtige Wort, aber es war wie so'n Tunnel ... wenn man ... wann man sich so beim ...*

wenn das Wasser aus der Badewanne abfließt und sich da so'n ... so'n, so'n Sog-Kreis entsteht – wie heißt das?"

Harry: *„Strudel."*

Jule: *„Ja, Strudel – aber das ging nach oben ..."*

Harry: *„Ah ..."*

Jule: *„Da war ich drin, aber ich hab' mich überhaupt nicht geschleudert gefühlt, sondern, auch nicht katapultiert, sondern so ... bin mitgeflogen ... aber so, so'n bißchen ... schon sehr schnell ..."*

Harry: *„Hm ..."*

Jule: *„Und, und, ehm ... das ging nach oben und war hell, aber es war nicht 'ne Ebene, wie Du das beschreibst ... als Du dann gesagt hast, Du bist auf 'ner Ebene, da ... ehm, hat das dann aufgehört. Und dann wußte ich nicht mehr, seitdem weiß ich nicht mehr, bin ich so'n bißchen nicht irgendwo."*

Harry: *„Mm ..."*

Jule: *„Aber das war ganz doll, das war eben so'n Sog ... Sog hört sich so an, als ob ich da gesogen wurde – ich bin da einfach durchgeflogen ..."*

Harry: *„Nein ... das habe ich auch so verstanden ... ich würde da auch gern mal langfliegen ... und zu Dir kommen – ist das recht?"*

Jule: *„Ja."* ...

Harry: *„Da bin ich schon ... ... hm ..."*

Jule: *„Aber dann hab' ich irgendwie mein' Weg verloren. Du hast gesagt, Du bist auf 'ner Ebene und dann ... ehm ..."*

Harry: *„Komisch, ich kann mich garnicht daran erinnern, was von 'ner Ebene gesagt zu haben."*

Jule: *„Du hast gesagt, es ist hell und Du bist auf einer Ebene, aber Du bist in der Luft."*

Harry: *„Ach so! Ja."*

Jule: *„Hab' ich zumindestens so verstanden."* ...

Harry: *„Soll'n wir diesen Strudel bitten, daß er uns weiter dahin mitnimmt, wo er ... ja, wo er ursprünglich Dich hinbringen wollte?"*

Jule: *„Mm ... ja ..."*

Harry: *„Mm ..."* ... ...

Harry: Ein sehr tiefer Atemzug durch die Nase ... ...

Harry: Noch ein tiefer Atemzug durch die Nase ... ...

Jule: *„Ich bin bißchen ... gerade ... ich fühl mich abgelenkt ..."*

Harry: *„Was war das letzte, was Du wahrgenommen hast? ... Oder was hast Du wahrgenommen?"*

Jule: *„Also, das ist total blitzhell ..."*

Harry: *„Das seh' ich auch."*

Jule: *„Ganz, ganz hell und, ehm ... aber mein Körper fühlt sich jetzt schon seit* *längerem so kalt, daß ich immer wieder, also in mein Körper reinkomme, und das lenkt mich ab; mir ist eiskalt, ich glaub' ich muß mal pinkeln ...*"

Harry: „*Wie?*"

Jule: „*Ich glaub' ich muß mal auf Toilette.*"

Harry: „*Ach so.*"

Jule: „*Ich komm' sofort.*"

Jule geht.

Harry: „*Ich kenne diese Sphäre auch vom Lebensbaum, von Kether – von ganz oben, also der Bereich, der Gott darstellt ... also, dieses weiße Licht, dies Schweben am Himmel, das ist dieser Bereich der Expansion in Chokmah ... und das Dunkle ist Binah, diese Geborgenheit ... aber das ist vom Salbei aus gesehen ... alles viel ... sanfter, milder, weicher ... als wenn man da Traumreisen auf dem kabbalistischen Lebensbaum macht ... Das erinnert mich daran, daß man zum König gesalbt wird, also ... klingt ja nach 'Salbei' ... und ein König reist bei seiner Krönung symbolisch zu Gott ...*"

Harry: Ein tiefer Seufzer durch die Nase ...   .

Jule ist wieder da.

Harry: „*Was ist jetzt förderlich zu tun, Salbei?*" ...

Salbei: „*Nichts Spezielles – genießen ...*" ... ...

Harry: „*Wenn ich in diesem Licht bin, dann ... muß ich nur die ganze Zeit lächeln, weil das so angenehm ist.*" ... ...

Harry: Ein tiefer Seufzer durch die Nase ...   .

Harry: „*Möchtest Du, Jule, den Salbei auch etwas fragen?*" ... ...

Harry: Ein tiefer Seufzer durch die Nase ...   .

Jule: „*Ich muß noch wieder reinkommen, ich bin noch nicht angekommen; ich bin zu doll im Kopf gerade.*"

Harry: „*Soll ich Dich ... dahin wieder zurückholen?*" ... ...

Jule: „*Ja.*" ... ...

Harry: „*O.k. ... ich seh' Dich jetzt rechts neben mir ...*" ... ...

Harry: Ein tiefer Seufzer durch die Nase ...   .

Harry: Noch ein tiefer Seufzer durch die Nase ...   .

Jule: „*Ich möchte den Salbei noch was fragen, aber ich weiß nicht was, und irgendwie traue ich mich auch nicht.*" ...

Harry: „*Hm ... Du kannst auch einfach dem Salbei sagen, er soll schauen, was Deine Frage ist und Dir dann Die Antwort geben. Geht das?*" ...

Jule: „*Ja.*" ... ...

Harry: Ein tiefer Atemzug durch die Nase ...   .

Jule: „*Ich hab' irgendwie das Gefühl, das geht wieder in sowas, sowas Dunkles, Höhliges rein.*" ...

Harry: „*Mm ... ... soll ich mitkommen?*“ ...

Jule: „*Ja.*“

Harry: „*O.k. ... ... Wenn Du magst, kannst Du fragen, wo hier das Wichtigste ist.*“ ... ...

Jule: „*Ich weiß nicht, was das jetzt damit zu tun hat, aber ich hab' einfach das Gefühl, so ähnlich wie'n Vogelnest, nur größer.*“

Harry lacht leise vor sich hin ...

Jule: „*Und ich bin da einfach so drin ... eingerollt, irgendwie.*“

Harry: „*Ja.*“

Jule: „*Das ist ganz gemütlich.*“

Harry: „*Ich hab' auch so was wie'n Nest gesehn'; ich hatte das Gefühl, dieses Nest – ich hatte das Gefühl, das ist am Boden.*“

Jule: „*Mm, das geht ein bißchen in den Boden rein ...*“

Harry: „*Ja.*“

Jule: „*... aber nicht wie 'ne Höhle ...*“

Harry: „*Nein, nene, das nicht.*“

Jule: „*... eher so wie 'ne Mulde im Wald oder so was.*“

Harry: „*Und dieses Nest, das hat so stellenweise was Schimmerndes oder ... als würde das so'n bißchen leuchten oder so ...*“ ... ...

Jule: „*Das ist einfach ein gemütlicher Platz.*“

Harry lacht leise vor sich hin ...

Harry: „*Ja, ich sitz' da daneben im Schneidersitz, so ... schaue, wie Du da so liegst ... ich glaube, es paßt besser, wenn ich mich auch da hinlege ... ... Der Salbei hat mich gefragt, ob ich auch ein Nest haben will ... ja ... jetzt hab' ich auch eins ... ...*“

Jule: „*Ich fühl' mich ganz sicher da drin, das ist ganz gemütlich und ganz geschützt.*“

Harry: „*Mm ...*“ ...

Jule: „*Und so ganz getragen ... ... und weich ...*“

Harry: „*Ja, ist kein Nest aus Ästen, ne ...*“

Jule: „*Ist ganz weich ...*“

Harry: „*Ganz weich ...*“

Jule: „*Eher Moos ...*“ ... ...

Jule: „*Hm ...*“ ... ...

Harry: „*Gibt es noch was, Salbei, was Du mir oder uns zeigen möchtest?*“

Salbei: „*Was brauchst Du denn noch?*“

Harry: „*Brauchen tu ich eigentlich nichts ... aber vielleicht gibt es ja noch etwas ... ... Ich hab' das Gefühl, da ist noch was, aber das steht jetzt nicht an.*“

Salbei: „*So ist es.*“ ...

Harry: „*Ja, gut.*“ ...

Harry: *Noch mal ein tiefer Atemzug durch die Nase ...   .*

Harry: *„Ich glaube, ich könnte jetzt wieder zurückkehren. "*

Jule: *„Mm. "*

Harry: *„Du auch? " ...*

Jule: *„Ja. "*

 Harry: *„O.k. Dann geh' ich jetzt wieder aus der Traumreise raus. ... Danke, Salbei. "*

Jule: *„Ja, Danke. "*

Salbei: *„Bitteschön. "*

Harry: *„Ho! "*

Bücher von Harry Eilenstein

Astrologie

- Astrologie (496 S.)
- Photo-Astrologie (428 S.)
- Die astrologischen Aspekte (88 S.)
- Horoskop und Seele (120 S.)

Magie

- Handbuch für Zauberlehrlinge (408 S.)
- Telepathie für Anfänger (60 S.)
- Telepathie für Fortgeschrittene (52 S.)
- Telekinese für Anfänger (52 S.)
- Lebenskraft für Anfänger (60 S.)
- Hypnose für Anfänger (56 S.)
- Mandalas für Anfänger (68 S.)
- Tarot (104 S.)
- Physik und Magie (184 S.)
- Die Magie-Formel (156 S.)
- Krafttiere – Tiergöttinnen – Tiertänze (112 S.)
- Schwitzhütten (524 S.)

Meditation

- Der Lebenskraftkörper (230 S.)
- Die Chakren (100 S.)
- Das Chakren-System mit den Nebenchakren (296 S.)
- Meditation (140 S.)
- Drachenfeuer (124 S.)
- Reinkarnation (156 S.)
- einsgerichtet (140 S.)

Kabbala

- Kursus der praktischen Kabbala (150 S.)
- Eltern der Erde (450 S.)
- Blüten des Lebensbaumes:
    - Die Struktur des kabbalistischen Lebensbaumes (370 S.)
    - Der kabbalistische Lebensbaum als Forschungshilfsmittel (580 S.)
    - Der kabbalistische Lebensbaum als spirituelle Landkarte (520 S.)

Religion allgemein

- Die sieben Schritte des Lebens (428 S.)
- Muttergöttin und Schamanen (168 S.)
- Göbekli Tepe (472 S.)
- Totempfähle (440 S.)
- Christus (60 S.)
- Dakini (80 S.)
- Vajra (76 S.)

Ägypten

- Hathor und Re 1: Götter und Mythen im Alten Ägypten (432 S.)
- Hathor und Re 2: Die altägyptische Religion – Ursprünge, Kult und Magie (396 S.)
- Isis (508 S.)

Indogermanen

- Die Entwicklung der indogermanischen Religionen (700 S.)
- Wurzeln und Zweige der indogermanischen Religion (224 S.)

Germanen

- Die Götter der Germanen (87 Bände)
- Odin (300 S.)

Kelten

- Cernunnos (690 S.)
- Der Kessel von Gundestrup (220 S.)
- Der Chiemsee-Kessel (76)

Psychologie

- Über die Freude (100 S.)
- Das Geheimnis des inneren Friedens (252 S.)
- Das Beziehungsmandala (52 S.)
- Gefühle und ihre Verwandlungen (404 S.)
- einsgerichtet (140 S.)
- Liebe und Eigenständigkeit (216 S.)
- Von innerer Fülle zu äußerem Gedeihen (52 S.)
- Die Symbolik der Krankheiten (76 S.)

Kunst

- Herz des Tanzes – Tanz des Herzens (160 S.)

Drama

- König Athelstan (104 S.)

Die Themen der 87 Bände der Reihe „Die Götter der Germanen"